机制之治：

学校高效运转的管理智慧

高　歌　石秀云　著

中国大百科全书出版社　　知识出版社

图书在版编目（CIP）数据

机制之治：学校高效运转的管理智慧 / 高歌，石秀云著 . -- 北京：知识出版社，2024.6. -- ISBN 978-7-5215-1226-7

Ⅰ.G637.1

中国国家版本馆 CIP 数据核字第 2024WR1456 号

机制之治：学校高效运转的管理智慧

高　歌　石秀云　著

出 版 人　姜钦云
策 划 人　张京涛
责任编辑　任　君
责任校对　朱金叶
责任印制　吴永星
出版发行　中国大百科全书出版社　知识出版社
地　　址　北京市西城区阜成门北大街 17 号
邮　　编　100037
网　　址　http://www.ecph.com.cn
电　　话　010-88390725
印　　刷　文畅阁印刷有限公司
开　　本　710 毫米 ×1000 毫米　1/16
字　　数　234 千字
印　　张　17.25
版　　次　2024 年 6 月第 1 版
印　　次　2024 年 6 月第 1 次印刷
书　　号　ISBN 978-7-5215-1226-7
定　　价　60.00 元

让教育沐浴人性的光辉

教育是关乎千家万户的事业，任何一个社会，都需要教育思想的引领。时代在变，教育也在变。然而，变中也有"不变"，所以，我们要对教育进行哲学的思考，只有搞清楚了哪些需要变，哪些不能变，才能真正做好教育。而教育的本质是什么，什么是好的教育，理想的教育是什么样的，这些最基本的教育问题应是教育哲学思考的源头。只有弄清楚这些最基本的问题，我们才能找到正确的方向，办出有质量的教育。

教育是培养人的事业，是一个通过培养人让人类不断走向崇高、生活更加美好的事业。因此，教育最重要的任务是塑造美好的人性，培养美好的人格，使学生拥有美好的人生。如何达成这样的目标？那就需要一批有理想、有情怀、有追求、有实干精神的校长和教师，用自己的青春和智慧去践行。而在现实中，也确实有这样一群人，他们热爱教育事业，关爱每一个学生，一步一个脚印，用脚去丈量教育，用心去感受教育，用智慧去点亮教育。

如何将这样一群人聚在一起，用他们的智慧去影响更多的教师？

中国大百科全书出版社、知识出版社策划出版了"新时代教育高质量发展书系"，进行了可贵的探索。他们在全国范围内会聚了一群优秀的教育工作者，这些教育工作者大多是扎根教育一线的优秀校长和教师。书中的经验、实践、体会和思想，既有教学的艺术，也有管理的智慧；既有育人的技巧，也有师德的弘扬；既有教师的发展思考，也有校长的成长感悟；既有师生关系的融通之术，也有家校关系的弥合之道。每本书都有一个着力点，每一个点都是一门学问，一门艺术。

我今年给"新教育"的同人写过一封新年信，题目是"让教育沐浴人性的光辉"，从三个方面对教师的工作提出了建议。我也把这三条建议送给这套丛书的作者和读者朋友。

一是要善待我们自己。要珍惜时间，张弛有度，让人生丰盈；发现教师职业魅力，做一个善于享受教育生活的人；培养健康的爱好，做一个有生活情趣的人；与学生一起成长，做一个在教育过程中不断进取的人；不断挑战自我的最高峰，做一个创造自己生命传奇的人。

二是要善待学生。要把学生作为一个真正的人看待，让学生能够张扬自己的个性，发挥自己的潜能，成为更好的自己。在我们教室里的学生，首先是活生生的生命。我们应该从生命的角度考虑，首先是如何帮助他成为一个人，一个有理想、有激情、有智慧的人，一个能够适应社会并且受人欢迎的人，一个挖掘自身潜能、张扬不同个性的人。

三是要把教育的温暖传递给社会。许多问题，归根结底是教育的问题。尽管我们任何一个人，作为个体的力量都是有限的，但是，再渺小的个体，也能够温暖身边的人。所以，我们要让所有和我们相遇的人，都能够感受到我们的美好和温暖，这也是让人与人之间，让全社会变得更美好、更温暖的有效方式。

有人性的人是明亮的，有人性的教育是光明的。让教育沐浴人性的光辉，我们的今天将会更加幸福，我们的明天将会更加美好，我们的世界将会因此璀璨。

是以为序。

朱永新

2020 年 5 月 1 日

机制引领学校变革

强国必强教，教师被称为太阳底下最光辉的职业。一位好校长，就是一所好学校。校长如何进行学校管理？在当前建设教育强国的背景下，如何履行校长的使命与担当？

全面发展的人，就是身体健康、人格健全、志向高远、知识丰富，将来贡献社会的人。本书秉持全人教育的办学理念，探索建校、办学、教书、育人的教育机制。全人教育是以人为本的教育实践，重视学生人文精神的养成，通过人文教育实现全面发展的目标，首先是立人，注重开发人的理智、情感、美感、创造力和精神潜能。

在学校管理中，全人教育即全员参与、全程参与、面向全体、培养全人的教育。全人教育不仅是对培养全面发展人才的传承，而且符合教育要面向现代化、面向世界、面向未来的指导思想，更要求教育工作者不仅传授知识，更重要的是把握教育的规律，为学生智慧和心灵的成长提供助力，引导学生践行社会主义核心价值观，使其懂得关照自己、关怀别人、关爱社会、关心全人类。

"小智治事，中智治人，大智立法。"全人教育如何开展，需要坚持问题导向，掌握学校的实际情况，剖析制约学校发展的因素，发掘质量提升的新生长点，完善组织制度，建立健全机制，使工作更具针对性、时效性。人管人，不好管，制度管人才好管——民主管理、机制兴校是其根本途径。

全人教育的实施过程，不仅是对学生的教育和教学，还包括对教师的培养和管理，通过锤炼团结有力的领导班子，锻造敬业奉献的师资队伍，才能培养全面发展的学生群体，实现学校的跨越式发展。丰富教师的精神世界，转变教师的思维方式，构建积极向上的核心价值观体系，形成共同的思维方式，才是一个学校真正的校园文化。用发展的眼光看教师，用进步的观点看学生，用战略的视角看评价。学校、领导、教师、学生、家庭、社会等各要素各司其职、各尽所能，才能共育全人。教育管理是"刚柔并济"的，也是"堵疏并举"的。"堵"是无盲区的网络式工作布局，"疏"是随时随地的心灵沟通。育人育心，建设科学、高效的管理机制就是从根本上拉动学校的内驱力。

　　本书共分七章，第一章是议事决策机制，建章立制的核心是议事决策，主要论述了以民主为根本、以制度为保障、以达到实效为目标的议事决策的六大组织机构。第二章是干部选用机制，干部选用理念是选用鹰的个人、雁的团队，关键是责任担当，重点论述了干部选用的四大原则。第三章是教师成长机制，以爱每一位学生为出发点，通过全面进步实现从职业到志业的教师成长的十堂进阶课。第四章是学生自主管理机制，主要探讨了以学生为主体的自管自律措施，以实现自信自强目标，探索提高学生自主管理能力的十三条路径。第五章是质量提升机制，主要从执行的高效性、评价的科学性出发，通过质量提升的二十二条措施实现整体的共同成长。第六章是家校共育机制，关键是打造家校同盟，通过七大方式促进家校共育，从而实现教育的合力。第七章是学校治理经典案例，主要包括王老中学和博平中学两个不同情况的乡镇中学如何走出困境、实现飞跃。

高歌

2024 年 4 月

目　录

第一章

议事决策机制

加强党委领导下的校长负责制及其议事决策机制的建设，有利于提高学校的教育和教学科研水平，使学校向更高目标迈进。

决策的科学含义，是人们为了实现一定目标，从拟定的各种方案中作出选择，并付诸实施的过程。学校议事决策制度是指以制度的形式将学校管理层的议事规则和决策机制固定下来，用来指导和规范决策行为。学校管理水平的高低是由领导体制及其议事决策制度决定的。

学校领导体制统率着整体的管理工作，发挥着上层制度的作用，决定了决策制度的基本原则。学校领导体制的核心就是对各方面的权力进行划分，而决策权更是重中之重。议事决策制度关系着学校重大事项决策权的行使和决策的执行，是领导体制的重要制度构成，关系着领导体制的落实执行。议事决策制度如果缺失或混乱，领导体制的权力配置或执行就无法有序开展，反过来内部议事决策制度在实践中不断发现问题，不断改进，也是对领导体制的进一步完善①。

教育家陶行知先生曾经说过："校长是一个学校的灵魂，一个好校长带领一批好教师，才能办出一所好学校。"从某种意义上讲，一个好校长就意味着一所好学校。校长的思想高度决定学校的发展水平，决定着学生的前途和国家的未来。校长的思想水平取决于校长个人的社会责任感和创新能力。校长的职责就是在确立办学理念的前提下谋篇布局，定制度、带队伍、建机制、抓落实。

因此，学校根据实际情况制定合适的议事决策制度，以制度的方式将议事决策活动确定下来，按制度办事，真正实现依法治校，有利于不断落实并完善目前的学校领导体制，加快中国特色

---

① 王宇奇. 我国公办高校领导体制下内部议事决策制度的研究 [D]. 长春：东北师范大学, 2018.

的现代化中学制度的发展和完善。

一、议事决策理念

民主是根本，制度是保障，实效是目标。

《国家中长期教育改革和发展规划纲要（2010—2020 年）》（以下简称《纲要》）明确指出，要建设依法办学、自主管理、民主监督、社会参与的现代学校制度，这为推进现代教育治理体系建设指明了方向。历史上中国实施的是自上而下的管理模式，这种传统的管理模式具有浓厚的官本位色彩，管理者与被管理者之间缺乏良性互动，很难做到易位而处。"不是意识决定生活，而是生活决定意识"，意识是执行的基础，单向的决策过程影响了管理的效果[①]。

民主能集思广益，为学校建设提供科学决策建议和更多的合理合法性资源。大家的事大家议，大家的事大家定——民主使所有利益相关人参与到决策的过程中。教师、学生、家长、社区及政府都是利益相关人，他们有权参与事务，多元利益主体的参与将其切身利益的想法纳入决策，所有利益相关人的想法能被听到，能够表达，拥有决策的权利，才能实现真正的民主。学校的民主，贯彻学校管理的始终，贯彻学校教学的始终，使之成为习惯，使习惯成自然。在民主的基础上，制度的制定保证了准确性，制度的执行有了保障。因此，民主保证了决策的科学性和有效性，也保证了执行的科学性、合理性和可操作性，真正形成"众智"。因此，民主是根本。

---

① 中共中央马克思 恩格斯 列宁 斯大林著作编译局. 马克思恩格斯选集：第 1 卷 [M]. 北京：人民出版社，2012.

汉语中，"制"有节制、限制的意思，"度"有尺度、标准的意思，两个字结合起来，"制度"即节制人们行为的尺度，表示一定历史条件下形成的法令、礼俗等规范[①]。制度是人类稳定有序发展的重要保障。在学校管理的过程中，将民主的成果固定下来，建立章程，形成学校制度。没有规矩不成方圆，依法治校就是要建章立制。制度，即要求大家共同遵守的办事规程或行动准则。

学校的民主，目标是建立起一整套规范的管理制度，使之规范、合法、有效，最终使师生的素养都得到提高。学校制度的意义和价值就是定位科学，既要最大限度地维护教职工个人的合法权益，调动他们的积极性、主动性、创造性，还要兼顾学校的集体利益、学生权益、社会效果。教师、学校、学生、社会多要素间职责、权利和义务的界定要科学。建章立制不仅是教育管理中民主建设的目标，而且覆盖了学校管理建设的全过程，以制度建设为中心，紧密围绕制度执行，以保证文本制度成为长期有效实施的制度。科学的制度，由领导者"单向管理"转向全民"共同参与"，管理不是只有向下管理，还包括向上管理领导、横向管理同事、外向管理外部关系，以及更重要的——自我管理。人管人，累死人，所有管理的核心都是自我管理，科学的制度实现了教师的自我管理，保障了制度执行的有效性和准确性。因此，制度是保障。

"实"是一种检验标准，务求实效是一切工作的目标。学校在管理过程中，民主使教师能够被听到，能够表达自己的正当要求，形成科学的制度。制度越科学越容易得到理解和认同，决策的执行也越有效，即尤尔根·哈贝马斯的"更好观点的力量"。维特根斯坦说过"我贴在地面步行，不在云端跳舞"。好的制度需要落地，学校需要战略家，更需要精益求精的执行者。制度是基础，

---

① 聂劲松. 中国百年教育研究制度审视 [D]. 长沙：湖南师范大学，2009.

是保障，落实最关键。学校的制度规章、重大活动事项，需经组织研究、教代会表决通过后予以执行，学校的所有重大决策都要按照制度经集体研究决定。在会议上，研究问题畅所欲言，会议结束后，对过程中个人的观点要严格保密，决策结果由集体负责。这样既有严格的分工，又有密切的配合，多管齐下，齐心协力，效果方能相得益彰。基层民主通过集思广益，最终达成一致共识，形成最佳决策方案，避免权力集中在少数人手中，有利于提升决策效率，提升决策的科学化、民主化水平，使决策结果得到广大教师的认可，从源头上解决内部矛盾和纠纷的发生，减少教师对公共事务的冷漠态度和抵触情绪，更有助于决策结果的顺利执行，这样更有利于形成砥砺前行的积极局面，能够更好地提升学校的高效治理效能，切实取得实效。

好的制度，要约束那些掌握分配权力的人，这就是制度的力量。让制度去管理，而不是人去管理，优秀的制度是尽可能减少执行人自由裁量的余地。所有议事决策机制的完善，民主是根本，制度是保障，实效是最终的目标。

二、议事决策的六大组织机构

议事决策制度是学校管理的一个重要制度，主要规范和指导重要事项及常规教育教学中的决策、讨论和执行过程，能够有效地促进决策的科学性、公平性、有效性。议事决策制度包括许多方面，如会议组织、议程制定、讨论规则、决策程序、执行和监督等，这些方面既相互关联又彼此影响，以保障决策的顺利进行和执行效果的有效性。

议事协调机构是学校治理过程中普遍存在的工作机制，由于学校不同组织的分工不同，不同部门各自占有一定的专业化技能与行动资源，通过"任务发包"和"责任捆绑"的形式集中职能部门力量，促进任务的快速推进。议事决策的六大组织机构分别为：党员大会、教职工代表大会、校长办公会、领导干部联席会、教学研讨会、家长委员会。

发挥党组织的战斗堡垒和党员先锋模范作用的党员大会，由党员组成队伍，其目的是充分发挥其先导、先锋、模范和榜样的作用，带领大家在工作中攻坚克难，勇往直前，圆满完成教育教学目标。教职工代表大会用来制约权力，维护权益，实质性贯彻民主的方针政策。校级领导之间的校长办公会，中层领导之间的领导干部联席会，解决关键问题、聚焦专业能力、深入推进改革的教学研讨，还有对学校工作进行检查监督的家长委员会，都承担学校组织分配的不同职责与任务，这是学校内部议事决策时协调行动的意义所在。

（一）党员大会

党员大会是学校的基层党员会，是由总支部委员会或支部委员会召集的基层全体党员参加的会议。党员大会的主要任务包括听取和审查学校党支部委员会的工作报告；按照规定开展党支部选举工作，推荐出席上级党代表大会的代表候选人，选举出席上级党代表大会的代表；讨论和表决接收预备党员和预备党员转正、延长预备期或者取消预备党员资格；讨论决定对党员的表彰表扬、组织处置和纪律处分等基本工作。更重要的是，围绕"不忘初心、牢记使命"主题教育，根据学校校情，坚持党建引领，充分发挥党员先进性。通过密切联系群众，了解群众对党员、党的工作的意见和建议，了解群众诉求，解决群众困难，维护群众的正当权利和利益，做好群众的思想政治工作，凝聚广大群众的智慧和力量，保证对学校发展的基础性把握。

会议组织由学校党委书记或书记委托支部委员召集和主持，

全体党员（含预备党员）参加，由支部委员会根据实际工作需要确定党员大会的议题，并将会议内容、要求事先通知全体党员。根据会议内容的需要，有时可以吸收要求入党的积极分子列席会议。召开时间为每季度一次，大多在"五一"、"七一"、"十一"、元旦前后，如工作需要可随时召开。

学校的党员大会应始终坚持全面贯彻党的教育方针，党员活动与学校业务有机结合，促进教育教学工作。在党建工作中建章立制，思想引领是学校整体工作的"方向盘"。茌平实验中学党员大会制定了《茌平实验中学党务工作实施方案》《茌平实验中学党务公开意见收集处理反馈制度》《茌平实验中学党支部重大事项征求意见制度》《茌平实验中学党务公开考核评价制度》《实验中学校党支部党务公开监督检查制度》《茌平实验中学党务公开监督记录》《茌平实验中学预公开制度》《茌平实验中学党务公开责任追究制度》等规章制度。

学校党总支充分发挥党员的先锋队作用，创新党建工作，开展党员干部帮扶"教困师"活动。针对教师职业倦怠这一现象，为调动教师工作积极性、提高思想认识、转变工作作风，学校党总支结合党的群众路线教育实践活动，开展了整治学校教职工中的"庸懒散慢"现象。

何为"庸懒散慢"？"庸"：思想僵化，工作标准不高，没有争先进位意识，不善于也不敢于创新，只求过得去，不求干得好，所谓"佛系""躺平"。"懒"：思想懒惰，行为懈怠，精神萎靡不振。"散"：自由散漫，我行我素，责任心不强，不能正确处理个人与组织、局部与全局的关系。"慢"：磨蹭拖拉，工作拖延、效率不高。

帮扶"教困师"活动，即茌平实验中学党支部在深入开展以"为民、务实、清廉"为主题的党的群众路线教育实践活动中，实验中学在完成规定动作的同时，积极进行实践活动的创新，紧紧围绕学校教育教学这一中心工作，统筹兼顾，高效结合，坚持开展活动与推动工作两手抓、两不误、两促进，学校党支部启动了为保持党的先进性和纯洁性开展的党员干部帮助教学困难教师的活动。

学校党支部首先制定了《党员干部帮扶"教困师"实施方案》，要求党员干部要率先垂范，争先创优。方案要求：个人或班级成绩标准分小于零的党员干部要力争"脱负转正"（分数计算详见附件A1：《茌平实验中学教职工综合考核办法》）。全体党员和领导干部与"教困师""一对一"帮扶，充分利用各种资源展开，教学骨干党员带头帮扶，其他党员踊跃参与，帮到实处、帮出实效。通过"一对一"结对帮扶，做到帮扶计划制订实施到位、帮扶工作情况公示到位、目标计划实现到位的效果，从而转变教学困难教师滞后的教学思想、教授方法和工作作风，切实发挥党员干部教师的先锋模范和示范引领作用。借群众路线教育实践活动的东风，结对帮扶活动大大调动了教学困难教师的工作积极性和工作热情，大部分教师实现了突破自身的教学困境，被帮扶的教师或班级的成绩都有很大幅度的提升。同时，指导教师在结对过程中，教育教学管理能力和教学水平也得到了同步提高，教学相长。通过互相理解、换位思考，不仅学校的教育教学效果大幅提高，干群关系也和气畅通了，实现了"三赢"。

为确保帮扶工作落到实处，学校监督检查会议包括：每月对党员帮扶工作开展情况召开一次交流会、半学期对帮扶情况进行一次帮扶情况督查通报会、学年终举行"结对帮扶"活动总结会等，通过总结交流，对工作不力者给予通报批评，对成效突出者给予表彰，重要的是及时总结推广有效做法和先进经验。经校长办公会研究帮扶措施常态化，已经形成学校的党建管理机制。

案例1

茌平实验中学领导干部、党员和教师
结对帮扶工作实施方案

为了进一步提高茌平实验中学的教育教学水平，促进教师快速成长，我校在本学期继续实施党员领导干部与教师结对帮扶工作，工作方案如下：

组　　长：校长

副组长：业务校长、教科处主任

成　　员：党员、中层及以上干部

一、帮扶对象：

1. 目前成绩相对较差的教师（含统考标准分低于区标准分的教师）。

2. 部分青年教师。

3. 思想观念陈旧的教师。

二、帮扶任务：

1. 党员、领导干部与存在以上问题的教师结成帮扶队伍，党员干部不仅要深入课堂听课，而且要对帮扶对象的备课、自习辅导及作业批改等做全程跟踪，每周对结对对象听课不少于1节。

2. 期末考试确保消灭负分（区标准分排名）或进步三个名次及以上。

三、帮扶规定：

1. 本学年上学期期末检测中标准分排名不理想者，被视为帮扶对象。学校对帮扶对象实施帮扶，帮扶人由学校党员和领导干部组成。

2. 本学期期末检测后，与上学期期末考试成绩排名比较，若帮扶对象已消灭负分或进步了三个名次及以上，视为完成帮扶任务，如没有达到完成标准，帮扶人要在党员会上作出说明。

3.帮扶者要注重对被帮扶对象的过程性指导,在深入课堂的同时,还要关注帮扶对象的工作生活状态等细节问题。

4.学校每学期召开两次帮扶工作的阶段总结会。

表1　2018—2019学年上学期实验中学帮扶工作完成情况工作表

帮扶对象 (年级/学科)	名次变化 (升降/个数)	结果 (是否完成)	帮扶人
姓名(×年级/×学科)	上升/×个名次	完成	姓名

备注:2018—2019学年第一学期,以期末考试区标准分排名为准,与2017—2018学年第二学期相比,消灭负分或进步三个名次及以上,视为完成帮扶任务。

不忘初心、牢记使命,茌平实验中学党总支积极开展党组织安排的各项活动。始终坚持不断地进行党史教育、国情教育,教育广大党员干部、师生辩证地认识祖国的历史,客观地评价现阶段存在的问题,积极处理工作中的矛盾。每年"七一",学校邀请市、区党校专家进入学校对党员进行培训,组织带领全体党员到孔繁森纪念馆参观学习,到博平袁楼党史纪念馆举办宣誓活动,这些活动已经成为惯例。

学校党总支按要求召开党员大会,对党员干部实施民主评议。同时积极培养优秀青年教师向党组织靠拢,持续培养优秀的教职员工积极地向党组织递交入党申请书。每年都吸纳入党积极分子,重点培养发展对象,为党的组织建设输入新鲜血液。始终坚持"三会一课"制度,每年"七一"都重温入党誓词,全体党员不忘初心、牢记使命。尤其是每个需要挺身而出的时期，党员干部不畏恐惧，冲锋在前，守护师生安全。实验中学党支部成员带头、党员干部在各项工作中发挥了模范先锋作用。

案例2

茌平实验中学党风廉政建设制度（节选）

二、工作任务

1. 学校领导要将党风廉政建设工作摆上重要议事日程，列入年度工作计划。每年至少两次专题研究和分析我校党风廉政建设工作进展情况，重点关注苗头性、倾向性问题，针对存在的突出问题，采取有力措施，加强管理。

2. 组织党员、干部学习贯彻上级关于加强党风廉政建设的文件、法规、决定及有关会议精神。结合实际，抓好理想信念教育、党的宗旨教育和党风廉政教育，引导党员、干部树立正确的世界观、人生观、价值观，增强抵制资产阶级腐朽思想侵蚀的能力，强化教师队伍廉洁从教意识，努力为学生服务，正确运用党和人民赋予的权利，认真履行职责和义务。

3. 健全和完善内部管理制度，建立防范领导干部滥用职权的监督机制。结合我校实际，针对收费、职称评定、干部任免、基本建设、财物管理等"热点"问题，制定完善有关规章制度，采取有效措施，加强管理，堵塞漏洞，改进工作。

4. 领导干部将执行党风廉政建设责任制的情况，列为民主生活会和述职报告的一项重要内容。每年召开一次至两次领导干部民主生活会。会前，组织和个人应认真准备，广泛征求党内外群众意见，如实反馈给领导班子成员。领导干部民主生活会的有关情况须在一定范围通报，接受群众监督。

5. 依法领导、组织并支持执纪执法机关履行职责。对于学校在党风廉政建设方面发生的问题或违法违纪现象，应及时向主管领导和纪检监察部门报告，要依据有关规定和管理权限，及时查处。

三、机构和制度保证

1.为加强对学校党风廉政建设的领导，成立由校长任组长的校廉政建设领导小组，日常工作由校廉政建设领导小组负责，领导小组定期召开会议，分析校党风廉政建设情况，沟通信息，加强协调，研究落实措施。

2.实行党风廉政建设责任制，要坚持"两手抓，两手都要硬"的方针，在搞好教育改革和发展以及各项业务管理的同时，认真抓好党风廉政建设。

3.要坚持从严治党、从严治政；立足教育，着眼防范，集体领导与个人分工负责相结合，根据"谁主管，谁负责"的原则，一级抓一级，层层抓落实。

4.要把党风廉政建设作为党的建设和政权建设的重要内容，纳入党政领导班子、领导干部的目标管理，与精神文明建设、业务工作紧密结合，一起部署，一起落实，一起检查，一起考核。考核工作要与领导班子和干部考核，工作目标考核、年度考核等结合进行。对党风廉政建设责任制执行情况的考核结果，作为对领导干部的业绩评定、奖励、惩处、选拔任用的重要依据。

5.坚持定期进行党风廉政建设检查制度。每年年底，学校要根据上级关于加强党风廉政建设的有关文件提出的具体要求进行一次党风廉政建设方面的检查。检查要从我校实际出发，做到扎实有效，不走过场。

（二）教职工代表大会

教职工代表大会（简称教代会），是教职工依法参与学校民主管理和监督的基本形式，是为制定或修改学校规章制度而召集的会议。教代会坚持"从群众中来，到群众中去"的民主集中制原则，让广大教职工行使当家作主的权利，积极实行校务公开。它实行民主参与、民主决策、自觉接受监督，代表了群众意愿，凝聚了智慧合力，充分调动了广大教职工的积极性与创造性，是共商学校发展大计的大会，是为推动依法治校、办人民满意的教育的大会。

为进一步贯彻执行民主集中制，保证决策的民主化、科学化，提高决策质量和水平，提升办学水平，创建民主和谐的校园，促进学校可持续发展，学校充分利用教代会，表决通过教职工各种考核制度，进行民主管理和制度管理。

学校每年定期召开的教代会，职能包括审议校长工作报告、学校章程、学校发展规划及各项工作考核等任务。具体教代会制度包括：建立健全教代会组织机构，选举产生各组织成员；按三年至五年为周期选举换届，每学年定期召开一次教代会，遇到重大事件即时召开；按照工会法制定的教代会选举代表程序、大会议题程序、审议议案程序、审议提案工作程序、大会开会程序等开展各项工作。每次教代会要解决两个及以上的主要问题，且必须有三分之二以上的代表表决通过；完善教代会规章制度建设，紧密联系教职工，处理好信息收集与反馈，加强民主监督。各机构组织必须按照本部门的工作职责开展好各项工作；建立规范档案。同时，教代会代表上提案需要自带解决方案。实验中学教代会的一项重要议程就是校长现场答复提案。

事物的分布大都符合正态分布的规律，如果将少数的优秀骨干教师变成多数，把正态分布的"枣核型"进化成头多尾少的"蝌蚪型"，那么集体也就进步了，一支卓越的团队也就打造出来了。学校以问题为导向，努力打破正态分布，关注优秀教师的心理感受，制定一套能够激发教职工内驱力的积极向上的管理制度。好的制度能让坏人变好，坏的制度会让好人变坏。管理就是通过运用好的程序和制度，选择优秀的人，置其合适的岗位，制定科学合理的目标，带领大家去执行。程序是教给人一步一步如何去做正确的事情，制度是约束人不去做错误的事情。一个优秀的管理者，应当是一个优秀的"制度制定者"。

制度的发展既要遵循惯性，也是一个不断矫正和完善的过程。人们对客观事物的认识，基于当时的历史条件，受到实践水平的限制，大部分人对新生事物往往不知道、不理解、不认可、不接受，所以制度的建立要大胆地保护主体利益，冲破思想上的求全责备。做一件新的工作或建立一项新的制度，大多数的人赞成即可推动，被少数人反对的未必不是科学的制度，很多事情的改革和制度完善在初期经常是阻力重重，但后面的实际成绩和民心所向会证明制度的合理性和先进性，经过大家的共同努力，最终会形成完整、体系、全方位覆盖的学校管理制度。

学校按照上级文件制定选举标准，将教学成绩好、思想觉悟高、办事公平的教师选举为教职工代表。教代会还会邀请家长代表、社会知名人士、主管部门领导等参加会议，为学校的建章立制建言献策。教代会制定修改了《茌平实验中学章程》《茌平实验中学三年战略规划》《茌平实验中学关于职称评定的几项规定》《茌平实验中学教职工综合考核办法》《茌平实验中学师德师风量化考核方案及实施细则》《茌平实验中学考勤办法》《茌平实验中学音体美信教师考核方案》《茌平实验中学关于教师产假的有关规定》《茌平实验中学领导干部任免制度》《茌平实验中学学生社团组织管理制度》《茌平实验中学职工落聘、拒聘、解聘规定》《茌平实验中学"县管校聘"工作方案》等规章制度，各岗位分头学习、共同研讨、促进执行，在指导教育教学工作的过程中，大家找到了工作方向，学校的其他制度是在这些制度的基础上建立的。

例如，《茌平实验中学音体美信教师考核方案》是按照国家要求，针对音、体、美、信课程开不齐、课时上不全，部分老师不重视，影响学生全面发展的现状而制定的。为践行全人教育的理念，进一步深化学校教育教学管理改革，建立健全教师考核评价体系，充分体现新课程标准和现代教育理念对教师教学效果评价考核的要求，学校从实际出发，本着科学性、公正性、针对性、激励性、可操作的原则，经过几年的摸索，制定出音、体、美、信四个学科教师的教学效果评价办法。同时，配套制定考务流程，最终实现了学生在文化课成绩优异的同时，音、体、美、信各项特长也都得到了充分发展，在全国、省级、市级各种文体活动比赛中屡获佳绩。

又如，《茌平实验中学关于教师产假的有关规定》是根据实验中学现有岗位缺老师近60人，缺编严重、大量聘任代课教师的情况制定的。如何使任课教师与代课教师精诚合作，不影响教学效果，是这项制度负责解决的主要问题。针对这一情况，学校利用"捆绑考核"的思想，在依照国家产假制度的前提下，修订了实验中学产假制度，用以调动相关教师的工作积极性，进一步确保教育教学质量。制度实行以后，怀孕女教师在保障身体健康、顺利生产的同时，可以集中休假时间，与代课教师精诚合作、团结一体，使得整体的教育教学效果未受到影响。

再如，《茌平实验中学"县管校聘"工作方案》是学校在推行"县管校聘"制度的背景下出台的相关政策。"县管校聘"制度是2017年区教育主管部门领导推出的一项新举措，是指全体公办义务教育学校教师和校长全部实行区级政府统一管理，特别是统一定期强制流动到区域内的义务教育学校，目的是使教师资源在校际之间流动起来，从而激活教育这潭水。那么，怎么流动，谁流进，谁流出？改革的过程会触动流出教师的个人利益，所以如何科学地制定"县管校聘"制度并稳妥地落实，借政策东风抓好学校的管理工作，再次激发教师的工作积极性，是这项工作的重点和难点。这要求管理者不但要做到制度公平、落实严密，更重要的是化不利因素为有利优势。实验中学采取的措施是：第一，自愿报名；第二，末位淘汰。有的教师会根据自己的意愿和实际情况自愿报名，在末位淘汰的过程中，领导班子一对一耐心细致地做好工作，由末位淘汰转化为自愿报名，使得首次"县管校聘"工作顺利地完成，同时维护了相关教师的自尊。在教师流出的同时，又顺利聘进了新教师，人员流动激发了内部活力。

案例 3

荏平实验中学第五届第四次教代会会议议程

一、会议开始，全体起立，奏中华人民共和国国歌。

二、校长向大会作工作报告。

三、大会主席团成员对制度修订作大会说明。

1. 年级副校长对《荏平实验中学教职工综合考核办法》修订作大会说明。

2. 业务副校长对《荏平实验中学考勤办法》修订以及《荏平实验中学关于教师产假的有关规定》作大会说明。

3. 分管音体美信教学工作的副校长对《荏平实验中学音体美信教师考核方案》修订作大会说明。

4. 政工和后勤副校长对《荏平实验中学领导干部任免制度》《荏平实验中学教职工落聘、拒聘、解聘规定》《荏平实验中学章程》草案作大会说明。

四、校长作提案答复。

五、表决《工作报告》和规章制度。

六、教代会代表作大会发言。

七、区教育局领导讲话。

八、会议结束。与会代表合影留念。

案例 4

茌平实验中学教职工第五届第四次代表大会提案（节选）

党的十八届五中全会提出了全面依法治国的战略布局，为依法治校提供了遵循和指导。实现"办全人教育、创齐鲁名校"办学目标，建立完善的规章制度，实现科学民主管理离不开您的积极参与和建言献策。为了学校的整体利益和长远发展，希望您站在学校和全局的高度提出科学性、建设性议案。

表2　茌平实验中学提案表

提案
方案
提案人（签名）： 　　年　月　日
附议人（签名）： 　　年　月　日

注：提案上交截止时间为×年×月×日下午×时×分。

（三）校长办公会

校长办公会，是校长、副校长集体办公的行政决策会议，每逢重大事项，由校长决定及召开。《茌平实验中学校务委员会民主决策制度》规定，校长办公会由校长召集并主持，主要任务是：讨论研究制定学校中长期发展规划和年度工作计划，研究确定学期工作计划以及落实具体工作方案，讨论解决突发性重大事件的方案。

其重大事项主要包括：贯彻党的路线、方针、政策，落实上级教育行政主管部门工作的计划和措施；学校学期工作计划和中长期发展规划；干部人事管理权限范围内人员的使用、推荐和奖惩；办公设施购置、校舍改建、职工福利安排、财务收支等问题；向上级主管部门提交的重要请示和报告；工作制度的制定与修改；研究决策学校突发重大、疑难事件、现场会筹备、大宗物品的采购、教代会召开等其他重大事项。

在教代会上通过的每项制度的最后都附有一条：未尽事宜由校长办公会另行研究决定。校委会的领导水平体现在决策水平上，学校的大事、难事、要事都在校长办公会上解决。难点问题的解决依靠的是校长办公会多方征求意见、充分讨论、酝酿、民主集中，最后通过民主程序，将决策权交给教代会。校长办公会是仅次于教代会级别的学校常规管理的最高级别的会议。

其民主决策的原则为：以党的二十大精神为指引，以习近平新时代中国特色社会主义思想为统领。严格遵守"集体领导、民主集中、个别酝酿、会议决定"的原则，坚持集体领导与个人分工负责相结合。加强对领导班子和领导干部的管理和监督。学校领导民主决策重大事项的监督包括教代会监督和上级主管部门与领导监督。教代会监督，即民主决策要自觉接受全体教师的监督。积极实行校务公开，让广大教职工行使在学校当家作主的权利，调动广大教职工的积极性与创造性。上级主管部门与领导监督，即学校对重大问题的民主决策要自觉置于上级主管领导的监督之下。

校长办公会的纪律是对外只公布结果，过程需严格保密。对校长办公会的决议过程及决议的事项，要严格保密——这是保密制度。会上讨论问题应畅所欲言，知无不言，言无不尽，讨论具体人、具体事、具体思路、具体做法，大家经多次交流、碰撞后，求同存异，民主集中，形成最终决议。

校长办公会重大事项决策的程序如下：

1.提出方案。校长或副校长提出重大问题的实施方案。

2.校长办公会讨论。会议不得搞临时动议，议题应在相关领导班子成员之间做会前通报，由领导班子主要负责人决定是否上会。会议由班子主要负责人主持，安排足够的时间对议题进行充分讨论。讨论时，主要负责人不宜首先表明自己的观点，须听取其他领导班子成员的意见后再表明自己的态度。因故未到会的领导班子成员可用书面形式在会上表达意见。

3.对校长办公会已经通过的议题，提交教代会讨论，需要有会议材料的，应准备书面形式的上会材料。

4.形成记录。会议须形成记录。重大问题会议记录除发给领导班子成员和有关部门外，还须报分管领导。如遇重大突发事件和紧急情况，来不及领导班子集体议事及会议表决的，领导班子成员可视具体情况独立处置，事后应及时向领导班子集体报告。

5.校务公开。最后把在教代会通过的决议进行校务公开。

修改请假制度 自古忠孝难两全，如何平衡工作和家庭的关系？在教学工作中，经常遇到教职工父母生病住院的情况，教师既不想耽误上课，又想亲自照顾父母。面对这种情况，学校经校长办公会研究、商议后修改制定了"只上课、不坐班"的请假制度：一线任课教师在直系亲人住院期间，持区级及以上医院住院证明，经校长签字，可以只上课、不坐班。在这条制度实施后，出现了老师把备课本以及学生作业带到病房的现象。他们抽时间备课、批改作业，既能亲自照顾至亲，又不耽误工作，还用实际行动树立了学校老师爱岗敬业、爱家尽孝的形象，极大地增强了社会对学校的认同感和信任度。

创建功勋奖励制度 针对学校高级教师年龄结构偏大的情况，为充分调动积极性，校长办公会研究出台了《茌平实验中学功勋教师奖励制度》——高级教师的个人成绩在年级所有教师评比中名次排在前二分之一，同时在全校高级教师单列中排在前三分之一的，就要给予授牌表彰，进行宣传奖励。制度出台后，全体高级教师激发起了新的活力，进一步带动了全体教师比、学、赶、帮、超的工作积极性。

落实全员聘任制度 为深化学校内部管理体制改革，实施教职工全员聘任制，具体工作如何展开？校长办公会研究后出台了相关制度：依据上一年的综合考核结果，参考近几年的综合考核结果，在每学期初的全体教职工大会上实施大约为期5天的七级聘任工作：

第一级聘任：校长聘年级副校长和分管副校长并宣布分工。

第二级聘任：年级副校长和分管副校长聘分校副校长和科室主任，年级副校长宣布分校副校长的聘任，分管科室的副校长宣布科室主任的聘任。

第三级聘任：年级副校长和分校副校长共同聘任班主任。

第四级聘任：初三年级的分管副校长和分校校长共同聘任初三全体教师。

第五级聘任：初一和初二年级的分管副校长和分校校长共同

聘任初一、初二教师。

第六级聘任：分管科室的副校长和科室主任共同聘任非教学人员。

第七级聘任：分管科室的副校长和科室主任二次共同聘任非教学人员。

七级聘任工作结束后，新一届领导班子在全体教职工大会上发表就职演讲，并宣布新学年目标和实现目标的措施。

（四）领导干部联席会

领导干部联席会，是学校领导班子集体议事的会议形式，是常态会议，主要研讨常规性和计划性的工作，有针对性地做好下周具体安排。会议时间为每周五上午，如无特殊情况，每周固定时间固定地点召开，时长为两节课，在课程表上统一安排（在此时段所有参会领导都没有课）。

领导干部联席会一般由校长主持，中层及以上领导干部参加，联席解决共性问题，总结研讨，方法分享。会议主要职能是上周工作落实情况总结和下周工作安排。会议要求每项工作目标明确，责任具体到人，由办公室负责整理会议记录，下周跟踪落实，如此循环。

领导干部联席会的形式是汇报交流，汇报顺序是从主任到副校长，最后由校长做总结。汇报内容不包括每个岗位上能够独立解决的事情，而是要讲两方面，一个是各岗位上遇到的问题，在这里联席解决，另一个是将各岗位上的亮点梳理出来，进行推广。会议宗旨是学校简政放权，力图做到每个人独当一面。优异的成绩、高效的管理效果就是靠这样的群策群力得来的，打好"合力牌"，形成"共同体"，因此，领导干部联席会就是"群英会"。

例如，针对一线教学人员"只上课、不坐班"的制度出台后，后勤人员提出了同样的待遇要求。对此，领导干部联席会商讨后，进一步明确了这一制度的初衷是为了鼓励教学，后勤是为教学服务的宗旨，统一了"只上课、不坐班"只适用于教学人员的思想。后勤人员如果也想享受这一政策，可以申报担任前勤教学岗位。在接下来的工作中，学校对政策进行了解读——"只上课、不坐班"的制度是为了不影响教学工作实行的人性化管理，后勤工作本来就没有"上课"这个词语，如果也参照贯彻同样的制度，语言矛盾，无法执行。另外，就此问题在教代会讨论后进行表决，一致通过，至此，该制度得到顺利执行。

例如，教科处在教研时发现，同科之间月考成绩的差距高达10多分。大家在共同教研、集体备课的情况下，为什么同一学科的差距如此大？主要原因就是集体备课效果不好。教学过程中的问题自己往往很难发现，但容易被别人看到。没有发现问题，就是最大的问题。集体备课的目的是及时发现问题，及时解决问题，集体寻找共性问题，集体突破共性问题。针对这一现象，领导干部联席会提出了要求领导班子参与集体备课的方案，以及"四不两直"的集体评课模式。领导班子参与是为了调动大家的积极性，充分表现自己的认识水平以及查摆问题和剖析问题的能力，捅破了"藏着掖着"的情况。"四不两直"是不说恭维的话、不说过渡的话、不说重复的话、不说长篇的话，直击问题，直指亮点。因为同一个问题，大家都能看出来，为了避免自己没有话可说，大家都会抢着说、往前说、直接说。于是，集体备课效果不好的问题就这样解决了。

例如，学校一度面临严重"缺老师"的情况，当时缺编少人，很多学科的教学工作很难安排。针对这一情况，领导干部联席会出台了后勤人员也要听课、备课的制度，要求后勤人员既有后勤岗位，也有教学后备岗位。他们可以根据自己的所学专业、兴趣特长填报两个志愿岗位，分别为第一志愿和第二志愿，作为储备人员，随时准备在教学岗的教师怀孕、生病等特殊情况时替补上课。后勤是为前勤服务的，在学校大局面前，后勤人员需要服从教学安排，这是教师的责任也是义务。

（五）教学研讨会

教育科研是助推学校教育教学质量提高和促进教师专业发展的重要途径。为了提高教学研究质量，我国曾于 1990 年颁布了《国家教委关于改进和加强教学研究室工作的若干意见》，于 2019 年颁布了《教育部关于加强和改进新时代基础教育教研工作的意见》，以上文件均提出了教研工作的重要性及教研的具体要求。对教师来说，只有能够满足他们专业成长需要、解决他们工作中的困惑问题的交流和培训，才能激发教师内在的主动学习、研究和实践的动机和欲望，才能让他们感受和体验到获得专业成长、实现自身价值的乐趣。为使教研活动取得实效，问题必须真正来自教师的体验。

"学习型组织"最初由美国学者佛瑞斯特在《企业的新设计》一文中提出，其后美国著名管理学家彼得·圣吉出版的《第五项修炼：学习型组织的艺术和实践》则标志着"学习型组织"理论的正式形成，同时对该理论的学习步入高潮，其应用范围也由最初的企业管理，扩展到学校管理、政府部门管理等领域。彼德·圣吉认为学习型组织是一个不断创新、进步的组织，在其中，大家得以不断突破自己的能力上限，创造真心向往的结果，培养全新、前瞻而开阔的思考方式，全力实现共同的抱负，以及不断一起学习如何共同学习[①]。学校的教学研讨会就是促进教师成长、带动教育教学工作进步、突破教育工作者上限的一个"学习型

---

① 彼得·圣吉.第五项修炼：学习型组织的艺术和实践[M].张成林，译.北京：中信出版社，2009.

组织"。

　　教育作为一个复杂而又完整的系统，包括教育者、教育对象、教育内容及教育手段四个基本要素，这四个要素在教育活动过程中相互联系、相互影响。教育者在教育活动中具有主导作用，教研会就是教育者认真分析、研究教育内容、教育手段、教育对象三个客体，从而更好地开展教育活动，进而推动教育发展的一项活动。这就是教研会的职能。

　　一个好的教研活动，其各环节必须环环相扣，教研活动中环节紧凑，设计合理，能够一步步引领教师在经历多次的思想碰撞之后，最终获得认识上的进步，才能保证教研活动的完整性和目标的指向性。否则，在教研活动中各环节脱节或是拖沓，就会使教研的目标发生偏移，甚至无法解决目标问题。传统意义上的教研由教科处组织，是针对教学过程中的问题展开的学科教研。随着现代化学校管理理念的拓展，教研活动又是环环相扣的，广义的教研还应该包括学生管理、班级管理等的教育方式和方法的教研，这部分内容通常由政教处组织。学科教研是所有教研活动的重点，它与教学成绩直接相关，是教育的第一生产力。

　　学科教研由教科处组织，分为"大教研"例会和"小教研"组会。

　　"大教研"例会是指全校范围内同一学科的所有老师进行的教研活动，时间是每两周一次，一周为文科，一周为理科，每周交替进行，时长为语、数、外两节课，其他学科一节课。"大教研"具体选择在所有任课老师没有课的时间段，在每学期初安排完毕，记录到课程表上。"大教研"例会由分管教学的副校长或教科处主任主持，学科组和备课组的全体教师参加，根据课堂和教学过程中，各岗位教研遇到的工作问题，尤其是近期遇到的突出问题，将教研问题展开变成课题，所谓"遇到问题即教研"。这是全校同一学科的教学教研会议，目的是提高教学成绩，主要讨论研究课堂、教学方法、难点突破、试题研究、优质课听评、作业布置等。学科主任确定主讲人，其他老师也要人人参讲，关键是针对教育教学中的亮点和共性问题的突破。

"小教研"组会即备课组会。学校同年级同学科的教师对桌办公，便于随时研讨，主要利于统一教案，统一进度，以及研讨重点、难点、教学方法、作业研制等内容，包括音乐、体育、美术、信息技术等全部学科。学校应该形成"天天小教研、隔周大教研"的常态，无盲区的教研使学校发展由民主走向科学，是教育教学质量提高的最有效途径。

班级管理教研，即班主任例会，每两周召开一次，与"大教研"例会错开，交替召开，由政教处和年级组共同组织，根据不同年级不同学段的特点开展不同内容的会议。例如班主任经验交流会，由主管本年级的校长或分校校长主持，主要讨论、研究学生的班级管理、班会议题、家长会筹备、各种活动的安排、学校安排的具体工作等事宜，班主任需要人人发言，为班级建设出谋划策。这些教研会搭建了互动平台，常常碰撞出智慧的火花，交流、汇集了工作中许许多多的"点子"。

例如，在教学方面，每次考试完后，针对错题难题，立即出一份类似的"姊妹卷"或"姊妹题"，以便做到错题追踪、及时反馈。开始隔两天重做一次，再隔周重做一次，一月重做一次，实现强化。如果是有难度的综合题，不要直接去解这道题，而是提前让学生解几道与此题相关的简单题，即将难题拆分。对于如何快速处理练习卷，方法包括：来不及批改的作业或卷子，课堂上老师宣布答案，学生只对自己的错题举手，将错题号立即统计出来，老师可有针对性讲解。月考试卷由每位任课老师各出一套后，备课组长在其中精选高质量的题目整合组成一套试卷。杜绝老师轮流出月考试卷。

学习的过程中肯定会出现有的学生"吃不饱"、有的学生"吃不了"的现象。针对不同的学生，要采取不同的相处方式和教授方式，让优秀生找自己的缺点，后进生找自己的优点。对于基础和能力较差的个别学生，可采取只看例题、只做简单练习的办法，让他们看到希望，寻求较小的进步。优秀的学生进行自助式作业，可用在教室内挂旧挂历或者利用拓展黑板的方式，教师将难题留下，学生将答案留下，便于课堂之外的拓展和延伸。具体提分策略建议如下：

（1）成绩原地踏步，查漏洞。考试后，要树立一个新的学习目标，这个目标要比以前稍高一些。多向进步快的同学请教，借鉴别人的经验，调整学习方法。

（2）成绩稍差，树信心。给这类学生定下很小的目标，一旦达到，立即给予鼓励，要看到点滴进步，帮助其建立自信。

（3）成绩较高，重细节。成绩好的学生不可盲目乐观，在以后的复习中，要查找知识漏洞，关注知识细节，不留知识盲点。

例如，在课堂管理方面，建议预习新课时，把课本带回家，仔细研读，拿起笔圈圈画画，遇到疑难，在空白处暂且记下，最好写得密密麻麻，上课前等待老师检查的课前预习。早读晨读要"切块"，避免撒开手让学生自读到底。语文课堂上，每节课坚持让学生背150字左右的精美短文，有利于提高写作水平。上新课前，可把与本节课有关的旧知识点让学生提前写到侧黑板上，做到温故而知新，例如语文课文中的作者介绍，数学课中学过的知识点、图形等。老师讲课时要走下讲台，深入教室内的各个角落，可防止学生走神。数学课堂上，每节课开始后用5分钟左右的时间，让学生先做上一节学的老师设计好的3～5道基础题，时间到后立即交上，老师趁热打铁讲解，给出答案，再上正课。为培养学生良好的课堂习惯，对学生上课提出了十条具体要求：

（1）新课前要提前预习。

（2）上课前，将学习用书、用具准备好，放在桌子角上。

（3）珍惜时间，严谨走神，抬头听课，眼睛盯着老师的一举一动，有走神意念时，可在原位上自行站立。

（4）回答问题立即举手，并迅速站立，不用等老师喊名字。

（5）画图必须使用铅笔和作图工具。

（6）自备学习用具，不准相互借。

（7）遇疑难积极询问或讨论，但要小声。

（8）审题时必须拿起笔，做到审题留痕。

（9）回答问题声音要洪亮，让全班同学听清。

（10）写作业或答卷时严禁用铅笔（画图除外）。

例如，在师生关系方面，教研会提出：攻心为上，阳光管理。亲其师，才能信其道，多与学生交流谈心，让学生喜欢上你的课。班级管理不与学生"捉迷藏"，从正面阳光地进行说教。教师可以尽快背过所有学生的名字，研究上课提问时如何称呼学生等促进师生关系的建议。关心一个学生，避免直接对他们做出优劣评价，可从生活细节上着手，如"你的衣服真漂亮"等，这些貌似无心的闲聊，往往会收到以心换心的效果，缩短师生之间的心理距离，让教师产生强大亲和力。具体措施还包括帮助学生建立时间观念，通过制定严格的时间表、保持良好的环境、奖惩分明、学生有自由支配的时间和生活习惯等方面开始训练。每节课开始前，与学生闲谈几分钟，拉近师生关系。

针对与学生沟通的技巧也给出了建议：稳定学生情绪，做朋友般的聆听者；帮学生定位，做明智的引领者；适当退出，做睿智可爱的监督者；给学生一定的私人空间，做时尚的先行者。针对后进生，也提出了十条转化办法：

（1）容。教师要包容、理解，再从点滴问题入手，加以帮助。

（2）严。上课要听，作业要写，纪律上有约束，走神时可有惩罚措施。

（3）易。做简单题，干简单事。可以允许只看书上的例题或只做简易的练习题，互动练习册或卷子类可以不做。

（4）亮。找闪光点（亮点），并加以鼓励表扬。

（5）比。和自己比，勿和别人比，即纵比勿横比，克服自卑。

（6）浅。教师讲课时要深入浅出，要多联系实际，多打比方，需要背诵记忆的东西还可编成顺口溜。

（7）兼。对后进生要软性教育与硬性教育并举，刚柔并济。

（8）合。在自习课上，对后进生听不懂、不会做的问题，单独把他们集中在一起，也可将两个班学生整合，再给他们讲第二遍。优秀生不用听，做布置的其他事情。

（9）候。对不做题或不交作业的孩子，老师单独叮嘱，在课下去问同学，弄懂后，去办公室讲给教师听。

（10）哄。教师可对后进生说一些善意的谎言。

（六）家长委员会

家长委员会（简称家委会）是由学校组织家长，按照一定的民主程序，在自愿的基础上，选举出能代表全体家长意愿的在校学生家长组成。家委会是如今全国中学的重点建设项目之一，《纲要》中明确规定各个学校应该完善自己的制度，成立自己学校的家委会。2012年，教育部颁布的《关于建立中小学幼儿园家长委员会的指导意见》，对家委会的功能、作用、内容和工作机制进行了明确规定。该文件是中华人民共和国成立后首份有关家委会建设的专门文件，出台后引起了全国各地中学的积极响应。国家这一系列政策的出台和实施说明家委会的建设是符合国家教育发展形势的，也是考察各中学现代学校制度建设的一项重要指标。家长是学生的第一任老师，家庭是学生的第一所学校，家委会是家庭和学校联合教育学生的重要组织，家委会的良好运行可以促进学生家长与学校的联系，有利于学校相关教育活动的开展。

初中阶段是青少年成长的关键阶段，教育方式不当会导致学生误入歧途，容易造成难以弥补的遗憾。学校的发展，需要社会各界的配合、支持，办人民满意的教育，更需要家长的参与、监督和建言献策，家庭的积极配合能更好地渡过这个时期、有利于青少年的成长，因此，家长参与学校教育管理具有重要作用。

家委会参与学校教育管理具有重要意义：把学校的办学理念和教育方法传递给学生家长，有利于促成学校与家长共育；家委会的建设有利于加强学校的管理能力和教育教学能力，有利于加强家长的话语权，有助于健全和完善学校内部的管理体系，促进学校形成良好的监督体制，有利于学校自主管理能力的提升；家委会提供了学生家长配合学校教育管理孩子的机会，有利于实现培养目标。

家长是学校教育管理的重要组成部分，家校合作是家长参与学校教育管理的主要平台，家委会参与学校教育管理是家校共育的重要表现形式，详见《第六章　家校共育机制》。

第二章

干部选用机制

"古之善为政者，在得人而已。""官人惟贤，政所以治也。"领导干部的素质和能力直接影响着权力的行使及其效果。在学校管理中，思想是基础，领导是关键，领导力就是把教育理念转化为现实的能力。在建设一支政治坚定、能力过硬、作风优良、奋发有为的教师队伍的过程中，学校领导干部是学校教育教学开展的骨干，也是管理治理的中坚力量。

领导干部选拔任用关系到学校干部队伍的整体素质和能力状况，关系到干部选用制度的成效，进而关系到学校的教育效果。有效的干部选拔任用机制能够有效克服目前学校领导干部选拔任用中存在的问题，有效的方式就是建立和完善学校领导干部选拔任用的民主机制。校委会的领导水平体现在决策力上，中层的领导水平体现在执行力上，如何把学校的教育理念转化成全体教职工的行动，是学校管理的第一要务，这就是干部选用的意义所在。

一、干部选用理念

鹰的个人是根本，雁的团队是保障，责任担当是关键。

"为政之要，莫先于用人。"选人用人问题是关乎教育事业成败的关键问题，深化干部制度改革，培养造就大批优秀人才，是加强改善学校领导的组织保证，也是推动学校教育事业不断向前发展的根本动力。学校培养管理人才的理念是：要学习鹰的个人，打造雁的团队。学习雄鹰独立搏击长空的豪气，要有独当一面的能力；学习大雁的和谐友善、团结协作的精神。要使团队做到这一点，校长就必须有责任、有担当。

鹰者，冲天豪气，反应敏捷，象征着威猛、勇敢、迅捷与力量，它是勇敢前进、自强不息、永不放弃的精神与品质的象征。

学校要发展，就要有像鹰一样的员工作为前进的生力军。何为勇敢？《说文解字》里阐释："勇，气也；敢，进取也。"因此，真正的勇敢，是智、仁、勇的统一，这就是学校需要的人才。面对快速发展的社会、日新月异的时代，尤其是教师这样一个始终站在知识最前沿的职业，更需要不断汲取新的知识、新的技能，不断追求新的创造、新的发展，这样才符合职业的要求。自强不息、锐意进取、提升自我是教师跟上时代前进步伐的良策，培养居安思危的忧患意识，不懈地向上努力、追求进步，不断学习、不断创新、不断完善自我、不断增强个人核心竞争力，这是鹰的精神，是学校生存与发展的动力。因此，培养鹰的个人是学校发展的根本所在。

团队，在于"团"，而非"散"，即"归队成团"。"雁一样的团队"的团队理念，是团队的发展方向，只有个人强大团队才会强大，只有团队强大才会合力图强，"众智"成城，共同成长，共同发展。"驯马奔千里，耕田不如牛"，最强的人的组合不一定是效果最佳的组合。雁群象征着合作，它们最伟大的品质就是团队精神。在雁群里面，每一只雁都要遵循协作的原则，为群体的繁荣与发展共同承担一份责任，雁的凝聚力与合作力是决定它们生死存亡的重要因素。在学校的组织上更是如此，个人的力量是微不足道的，教师需要与团队保持目标一致，群策群力，共同打造"雁一样的团队"，携手共创辉煌。

责任担当是领导干部必须具备的基本品格，只有敢于负责、勇于担当、善于作为、实绩突出的干部，以时时放心不下的责任感、积极担当作为的精气神，才能具有服务群众的本领、防范化解风险的本领和不断提高带动学校高质量发展的本领。干部以身作则、以上率下、敢于担当、积极作为，依法依规谋事、管人、用权，维护制度权威、增强制度执行力，提高运用制度管权、管事、管人的效能，以健全的制度体系为保证，领导干部担当作为是保障制度执行的关键。

二、干部选用的四大原则

领导就是服务，领导干部就是提供服务的"店小二"。"店小二"的工作就是哪里有需要就要在哪里顶上，出了问题还要承担责任。"店小二"意识就是服务意识、责任意识和担当意识。学校里有些中层"店小二"，总觉得自己说了不算，缺乏责任担当，遇事推诿、敷衍，究其深层次的原因是缺乏工作的主动性和责任感。

如何增强"店小二"意识？首先要解决认识问题，在学校体系的排位中，学生第一，教师第二，领导干部第三，教育的"店小二"就是为学生服务、为老师服务、为家长服务的。如果没有责任心，缺乏解决具体矛盾的勇气和能力，没有处理棘手问题的方法和魄力，是干不好这份工作的。

学校的中层管理者是承上启下、承前启后、承点启面的中坚力量，一个"中"字，说明它在中间既是领导又是职员，兼有领导者与下属的双重身份。中层管理者除了担负管理职责、岗位职责以外，还起到在教师与学校决策者之间上传下达的作用，对上级负责与对下级负责是一致的，如果中层管理者不能发挥其应有的作用，会对学校的管理和决策的贯彻带来很大的影响。

敢担当、善作为是好干部的重要标准。领导干部的责任与担当要用实干诠释，将责任理念贯穿到业务工作、管理工作、服务工作、保障工作等全范围、全过程中，增强责任意识，提升沟通能力。担当是干事创业的根本所在，有多大担当才能干多大事业，尽多大责任才能有多大成就。作为学校领导干部，必须具备堪当重任的本领和能力，发挥好党员干部先锋模范带头作用，以冲刺的劲头、拼搏的状态、务实的作风，调动广大教师的积极性、主动性、创造性，凝聚起推动发展的强大合力。

对干部最大的激励是正确的用人导向，用好一个人能激励一大片。学校树立重实绩、重实干、重担当的用人导向，构建选拔、任用、评定相结合的领导干部选用体系是高效开展学校教育教学工作的重要保障。干部选用的四大原则是："沙里淘金""点石成金""提炼纯金"和"叠玉堆金"。这四大原则中，"沙里淘金"是指人才的选拔，选拔是第一位的；"点石成金"是对领导干部的培养；"提炼纯金"是对领导干部的考核；"叠玉堆金"是指领导干部的梯队化建设。

（一）沙里淘金

学校为实现长足发展，管理水平要达到最优化，选拔一批优秀的骨干管理人才是关键。根据 2009 年茌平区教育局出台的 9 号文件，其中特别提到校长可以自由选择"海选或指定选举"两个方案中的一个，来实施副校长的聘任。这一政策的出台，将简政放权落到了实处，给予校长可以全员聘任副校长的权力，对于加强学校管理中校长与副校长的配合尤为重要，激活了学校管理的活力。这就是所谓的"沙里淘金"。金子如何筛选？最重要的原则就是——最优者上。

1. 最优者上

打铁还需自身硬，选拔管理人才首先选择优秀的个体，只有优秀的个体，才知道如何进行优秀的教育教学管理，才懂得如何带出一支优秀的团队，才有培养优秀团队思路的决策力和执行力。一个团队的战斗力归根结底取决于领导者的管理能力，领导者的思维方式、行为习惯、个人能力，都直接影响他的团队，领导者的能力水平也决定了团队的整体能力水平，所以干部的选拔最关键。只有各层管理者自己一身正气、能力超群、凝聚力强，领导班子才会团结有力，师生才会干劲十足，学校才会生机勃勃。

学校领导干部选拔根据《茌平实验中学领导干部任免制度》，依据近五年的综合考评结果，选择教学效果最优者，通过双向聘任产生，有意向者自愿报名，聘任在暑假进行。

选拔理念如下：第一，德才兼备者破格使用，有德无才者培养使用，有才无德者限制录用，无才无德者坚决不用；第二，需要有思想的人，有思想才能有思路，有思路才能有出路；第三，重能力、讲业绩，能者上、平者让、庸者下。

选拔程序如下：在管理模式上采用块状和线状相结合的网状管理模式，教务处、政教处、教科处、总务处、团委、电教中心、生活科、宿管科、办公室、财务科等科室是网络化管理模式中的"线"，从中选拔出科室主任，归分管副校长管理。三个年级是网络管理模式中的"块"，分别由三位年级副校长负责。每个年级依照楼层划分为各个分校，每个分校均聘任业务能力突出、教学水平优异的教师担任分校副校长。这种领导干部的选拔逐级聘任、条块结合，依据制度文件和考核数据，自我推荐和民主举荐相结合，实行民主集中制，按照程序选拔出一支好的领导干部团队。

领导干部的任命制度具体如下：

（1）年级副校长和分管副校长由校长直接聘任，上年度的副校长在本年度落聘的可参加中层竞聘。

（2）每学年初，学校根据工作需要设置中层干部岗位，在全校范围内择优选聘。

（3）竞聘者要有较高的政治觉悟以及遵纪守法、吃苦耐劳、爱岗敬业、团结协作、开拓创新的精神，愿为学校发展做贡献。

（4）各年级的中层干部选拔以担任班主任工作且本班量化考核优秀为优先条件，上学年个人教学成绩达到全区前五名者进入新中层竞选范围。若某学科无进入全区前五名者，则根据实际工作需要降格择优录取。

（5）中层干部聘任实行双向选择，竞聘者自愿填报中层岗位申请报告，学校择优聘任。同等条件下，上学年任中层干部者优先参聘。

（6）聘任结束后，学校对新聘任的中层干部颁发证书，同时签订本学年工作目标责任书，聘期为一年。

2.中层不设副职

茌平实验中学的用人理念是"鹰的个人"，聘任能独当一面的人为各岗位的负责人，一岗一职，中层领导岗位不设置副职。这样减少了干部的岗位数，也避免了可能会因配合带来的工作上的互相依赖、扯皮推诿、降低工作效率等现象，更重要的是每个领导在这个岗位上能够将自己的优势充分发挥，践行自己的管理智慧，也就是鹰的个人，这也符合学校"将每个人的才能发挥到极致"的卓越团队打造理念。

3.重用女干部

学校里一般女性职工较多，茌平实验中学教职工中三分之二是女教师，女教师做教育有其特有的温度和优点，不但具有母爱的天性，而且大部分细心、认真，更富有同情心和同理心，具有得天独厚的优势。很多女教师成绩优秀、业务超群、管理有思路、执行能力强，学校根据以往中考成绩分析发现，几乎所有学科的全区第一名和班级管理第一名的女教师都被提拔为年级主任或科室主任。

4.文理科搭配

人们的思维方式、工作习惯，不仅受到年龄、性别的影响，而且与所学专业、所教学科密切相关。十几年甚至几十年的学习、工作，使人们的思维方式与工作方法在自己擅长的领域有了一定的优势，同时又受到了一定的局限。文科专业与理科专业的互补搭配，是形象思维与逻辑思维的融合，不仅工作方法得当，效果奇好，而且在教师的工作过程中容易激发起灵感的火花，容易有幸福感、成就感和价值感。学校教学中文理科搭配、合作教研，使得整个团队的教学效果显著，管理效率更加高效。

（二）点石成金

优秀的干部不是天生的，如何带领平庸甚至有缺陷的领导班子开展工作，这可能是每个校长都会面临的问题。培中用、用中培、培用结合，这是领导干部培养上的"点石成金"。

领导干部发挥表率作用，因此逐级聘任，才能一级一级去带动。学校里学生看教师，教师看班主任，班主任看中层干部，中层干部看副校长，副校长看校长，所以领导干部要率先垂范。干部带了头，群众才能有劲头，才能同频共振、上下一心。学校对每位领导干部的要求是——带头有能力、执行有力度。作为领导者，业务上要有过人之处，德行上要令人信服。作为干部，不怕困难，勇于担当责任，敢于动真碰硬，具有过硬的执行力，才能发挥领导干部的带头作用。那么，领导干部如何培养？

1. 领导干部的管理能力要求

六点意识要求　超前意识，提高预见思维、创新思维；目标意识，强化工作标准；责任意识，过硬的执行力；领军意识，沉在一线，带头苦干，打造一流团队；学习意识，不断学习，提升业务能力；科学意识，科学评价，共同管理。

十项能力要求　登高望远，积极进取的人生追求；脚踏实地，吃苦耐劳的奉献精神；小事做起，打造精品的质量意识；勤于交流，促优罚劣的改革勇气；善于合作，取长补短的进步要求；努力学习，完善自我的探索态度；关心集体，先公后私的奉献精神；关注课改，总结规律的创新思想；尊重学生，关注学生的民主氛围；相信学生，发挥学生的主体作用。

禁忌 德薄而位尊，智小而谋大，力微而任重。

思维方式 底线思维：包括安全底线、法治底线、师德底线和财务底线。岗位理念思维：把本岗位做好的思想观念。顶层设计思维：校长的职责是对学校的顶层设计和对未来的整体规划，机构设置不能缺项，制度建设要民主、精细、科学，岗位责任要抓落实，各司其职要具体、放手，集中决策要放手而不失控。问题思维：发现不了问题就是最大的问题，要以基层问题为工作导向。程序思维：处理一切事情要制定流程和方案，流程能教你一步一步地做正确的事情，制定方案要做好预案。制度思维：不以规矩不成方圆，制度能约束人不去做错误的事。原则思维：先讲原则，再讲灵活，方圆有度，干事创业，还要通情达理。辩证思维：凡事不能一刀切，要一分为二看问题。创新思维：创新是一个民族的灵魂。超前思维：凡事预则立，不预则废，决胜千里的前提是运筹帷幄。

"八有"和"两讲" "八有"是有风格、有本钱、有思路、有力度、心里有爱、眼中有事、手上有度、脚下有力，"两讲"是大事讲原则、小事讲风格。

座右铭 第一，争做领头雁，不做甩鞭人。第二，只有落后的领导，没有落后的群众。第三，抓而不紧，等于没抓。第四，成功就是简单的事情用心做。

学校培养领导干部的一个重要平台是每周五召开的领导班子联席会，每周例会根据本周出现的问题研讨不同议题，对领导班子进行即时、及时的培训，使每个领导班子成员在解决问题的过程中不断提升自己的能力。例如：作为领导干部要如何处理好干群关系，如何尽快处理好紧急而重要的事情，如何互相支撑等问题。

学校对领导干部如何处理上级文件也加强了培训，作为业务单位，尤其作为领导干部应该了解如何读懂文件、如何领会精神、如何指导工作，这都是直接影响着学校工作的开展。各岗位要求学会研读文件精神，根据文件精神制定工作实施草案，上报校长办公会研究方案，最后由学校安排具体部门负责落实。结合学校的工作实际，能否灵活利用文件精神促进教育教学的管理，能否做到借东风但不折腾是判断一个领导者是否务实的标准。

领导干部处理工作中遇到问题时有哪些要求，其中之一就是请示工作要带方案，遇到问题先想好至少三个解决方案后，再逐级汇报。假如需要解决杯子放置的问题，不要问"我把杯子放到哪里？"，而是"我把杯子放在这里合适吗？"另外，汇报问题要及时，直接说结果，而不是展开过程，如果过程中有领悟、有心得，可以在合适的时间或开会时再交流。

学校干部（除校长是教育局聘任外）都是流动式年度聘任，实行流动式管理。按照《茌平实验中学领导干部任免制度》规定，教学岗位的干部，年度平均成绩排名在本年级中游及以下的，自动失去竞聘资格；教辅岗位的干部，年度教职工大会评议、排名靠后的，自动失去竞聘资格。如果领导干部有下列情形之一者，给予免职处理，包括：不服从学校管理，消极怠工的；工作中造成重大责任事故的；年级主任因工作不力，造成学生辍学严重的（本年级辍学学生超过2%）；学年中考个人成绩（标准分）达不到全区前八名的；其负责分校成绩达不到全区前六名的（完成学年初签订的本学年工作目标者除外）。

2. 领导干部的业务能力要求

通过走进课堂，走近教师，及时了解一线教师的教学状况，经过面对面交流，才能实现教学中的有效了解。校长进教室听课是全校的方向，领导班子听课是本职工作，全体领导都听课是对"课堂、教学才是学校管理中最重要的工作"这一理念的践行。只有深入课堂，才能发现问题，才能发现人才。课堂教学与听课评课，应该成为领导干部的核心工作内容。通过发现和解决课堂教学中存在的问题，总结和推广成功的课堂经验，提升课堂教学质量。领导干部进入课堂，不只要听课，还要评课，随时处于研究之中，在听课中发现课堂教学典型，尤其要在青年教师中发现好苗子、培养骨干，帮助青年教师总结教学经验、提升教学水平，为教师成长扶好梯子。

根据《茌平实验中学领导干部进课堂实施方案》，学校开展了中层以上领导干部进课堂听课、评课、监督课堂教学的活动，要求领导干部上报每周听课节数，不能少于最低值，并认真做好听课记录。领导干部要带着问题意识和研究心态进入课堂，在听课中发现问题，在听课中研究教学。课后要及时与授课教师沟通，对教学成功之处要给予充分肯定；对教学中存在的问题要与教师共同讨论，提出建议，寻求解决问题的对策；对于普遍存在的问题，要将其作为校本教研的课题，组织教师共同探究，改进教学。

领导干部要将听课、评课作为推动学校教育科研的切入点，使学校的教育教学始终处于不断研究、不断探索、逐步提高的状态之中。每周五例会时领导干部要结合听课记录，对课堂教学中的主要优点和不足进行整理汇总，及时总结经验和提出改进建议，由教科处负责跟进和督查有关问题的调查研究，及时解决情况。

为了促使学校领导做好听课、评课工作，学校成立了课堂督导小组，教科处每周对学校领导干部的听课、评课情况进行检查、评估。检查评估的主要内容是听课数量、评课质量，以及听课评课功能发挥情况，并将检查、评估情况以文件形式记入档案。

（三）提炼纯金

对领导干部的科学评价是调动干部积极性的根本，"提炼纯金"是对领导干部的考核。在评模范先进、职称晋级等事项上，领导干部的待遇和老师们要求标准一样，即对领导干部的考核只讲"功劳"，不讲"苦劳"。领导干部的领导力体现为执行力，学校的运行和管理需要精益求精的执行者。因为制度是保障，落实最关键。

落实＝抓不落实的事＋追究不落实的人。

那么，如果没有落实到位，也可以推导出来：

布置工作＋不落实责任人＝0

落实责任人＋不检查＝0

检查＋不反馈＝0

反馈＋不整改＝0

整改＋不坚持＝0

这些都是落实失败的原因。领导干部的考核公式，即是对领导干部落实情况的检验，解决了学校管理的"最后一公里"问题。

案例

荏平实验中学2018—2019学年教职工综合考核办法（节选）

八、管理人员考核（计入折合后的分数）：

（二）学科主任

根据该教研组二个年级在全区的平均名次考核，公式为：

$$1 \times \frac{\text{分管年级数}}{3} + 3 \times \frac{7\text{-年级区名次}}{6}$$

（三）备课组长

根据该备课组在全区的名次记分，公式为：

$$2 \times \frac{7\text{-年级区名次}}{6}$$

说明：1. 音乐、体育、美术、信息技术为一个教研组。

2. 年级区名次为两个学期的平均名次，上学期占40%，下学期占

60%。

（四）中层干部

1. 分校校长的考核，根据所在年级期末考试在全区所处的名次考核，其公式为：

$$1 \times \frac{\text{分管班级数}}{4} + 5 \times \frac{8-N}{6}$$

说明：初一、初二、初三年级 N 分别为 N_1、N_2、N_3 其公式为：

$$N_1 = 1 + 1 \times (n-1), \quad N_2 = 1 + 0.75 \times (n-1), \quad N_3 = 1 + 0.6 \times$$
$$(n-1)$$

其中，n 为分管分校区名次。

2. 从事教学工作且兼职管理岗位的中层干部，等同于分校校长的得分。

3. 其他中层干部，由教代会根据其完成工作情况打分，其公式为：

$$5 \times \frac{\text{民主评议得分}}{100}$$

（五）副校长的考核

1. 根据分管年级或科室在全区的排名计算成绩，成绩在 85 分至最高分之间浮动，获得全区第一名的，分管校长的考核成绩等同于该考核单元教师最高分数。

（1）担任教学工作的，个人教学成绩在年级名次一半以上（包括一半），按如下公式计算，否则个人成绩降一个名次计算，公式为：

$$85 + 5 \times \frac{7-\text{分管工作区名次}}{5}$$

（2）分管科室工作的副校长按如下公式计算：

$$85+5\times\frac{7-分管工作区名次}{5}$$

2. 分管年级工作的副校长按以上规定的第 1 条计算成绩。

3. 如果年级校长在课堂整合、校本课程实施中成绩优异，经校长办公会研究，可以获得奖励分。

说明：第（二）、第（三）项兼职的先计算最高一项，另一项折半计分。

（四）叠玉堆金

评价一个学校的组织管理能力，有一个很重要的评价指标就是领导层管理人才的后续储备，后备人才是否源源不断、现任之后是否后继有人是一个重要的检验标准。一个好的制度能激发人的内驱力，后备干部的培养应该是自动的、可持续的。从学校长远的发展战略思考，必须培育、储备后备干部。学校的领导干部梯队模式形成，为学校的长远发展做好人才储备，为优秀人才梯队建设提供支持，这就是干部选用机制的"叠玉堆金"。

如果领导班子年龄结构老化，管理水平一般，即使拥有强大的师资力量、极佳的硬件条件，也很难取得第一的成绩。这种情况下，学校发展应该寻求管理干部结构的改革，激发学校管理工作的活力。年纪大的领导有经验，而青年人有激情、有活力和创造力，有年龄差距的干部一起搭档工作，既利用了老同志丰富的经验和阅历，又充分结合了青年人的朝气和创意，激发了集体的工作热情和积极性。

一般来说，岗位年龄差距在 8 岁左右，既容易沟通、不会产生大的代沟，也不会陷入非同龄人的思维偏见，避免出现认知事物偏差过大的情况。每支队伍都是老中青三代相结合，既注重了老人带新人，更注重了一代新人胜旧人，培养重用年轻干部。还有一个重要作用，就是在老领导的位置后面站上了新人，给在职的老领导带来了压力也是动力。这种模式既是相互促进，也是优胜劣汰。

学校培养的这些青年干部为学校干部队伍注入了新的血液，为学校发展带来了生机与活力。学校领导班子就像火车头，带领着学校这趟列车飞驰。茌平实验中学也发挥着教育的领跑作用，从 2014—2020 学年，其教学成绩和综合考核每年都是全区第一，教学成绩和多个单项工作考核每年也都是全市第一。近年来，学校培养了 17 位年轻干部，其中有 5 位担任了本区中学的校长，有 2 位担任了区里的高中校长。可见，实验中学的干部选用机制是有效的，也是获得社会认可的，制度经过了成绩的证实，也经历了社会的考验，交出了一份满意答卷。

第三章

教师成长机制

"百年大计，教育为本。教育大计，教师为本。"教育是民族振兴的基石，教师是教育发展的根基。优质的教育依赖卓越的教师，只有建立一支高水平、高度专业化的卓越教师队伍，才能造就优质的教育，才能培养一大批优秀人才。当今世界，社会进步一日千里，科技发展日新月异，知识更新的周期越来越短，做一个德才兼备的教师，要具备民族振兴的使命感、职业的责任感、只争朝夕的危机感，必须与时俱进，关注自身的成长与进步，因此，探索教师成长机制，对于提升教师队伍整体素质具有重要意义。

师生共同成长是教育亘古不变的主题，要用发展的眼光看教师，用进步的心态对学生，用战略的目光看评价。不断提高教师的思想意识，丰富教师的精神世界，构建积极向上的社会主义核心价值观体系，打造教师成长路径。提升教师的教育教学能力需要系统的培训，需要教师自主学习、自我提高，这一过程就是教师专业发展和个人成长的过程。给予教师成长的时间，创造教师成长的条件，构建教师成长机制，这也是当今社会教育改革与研究的重要议题。

教师的成长，主要受内部、外部两方面因素的影响，内部因素主要是指教师个人发展主动性，外部因素主要是指学校、家庭、社会等的影响。内部因素包括教师的职业精神和理想、自主意识和能力，以及借鉴他人经验的能力；而外部因素包括社会环境和教学实践中的各种事件（如研讨、听课、交流、说课、培训等）。从外部因素上看，教师成长的发生有两个关键性的因素：一是新的理论思想和教学建议的输入；二是有教师能够得到支持、反馈、进行批判性反思的协作环境，在此氛围下，教师能够尝试、评估和实践这些新的思想和理念。可见，评价制度、培训制度、学校文化、课程因素等均都会影响教师的成长。

因此，建立教师成长机制要内外结合，学校从外部通过完善评价制度、建立健全培训制度、丰富文化课程等关键因素提升教师成长的理论水平和环境水平促进教师成长，进而增强教师认真负责、积极上进的自主意识和职业理想激发内部自驱力，全方位实现教师成长。

一、教师成长理念

爱生是根本，学习是保障，卓越是目标。

教师要有爱的初心，还要有爱的艺术。教育的过程是爱的传递过程，以爱育爱，爱是人生的储蓄。教师怎样对待学生，学生就会怎样看待社会，学生在学校里能遵守学校的规章制度，到社会上也就能遵守国家的法律法规。教师应当做到心里有爱、眼中有人、手上有方、脚下有路。

教师的爱表现为事业心和责任感，就是对学生的发展和幸福负责，对每一位学生负责，对每一位学生的一生负责。对待不同的学生，我们要有不同爱的方式：对生活困难的学生——疼爱，对学习困难的学生——偏爱，对学习优等生——严爱，对学习中等生——泛爱。热爱学生是教师成长的根本。

传统的教育是将教育者具有的知识与经验传授给受教育者，但随着网络时代的到来，学习途径与方式都发生了根本性变化，青少年学生除向长辈学习，向老师学习，还可以利用网络学习，开始形成知识与经验的"反哺"，教师也变成了学习者。这个时代的学校正在变成师生共同学习的地方，教师的职能从给予学生知识和经验转向帮助学生学习，教师的专业也变成促进学生发展，教师从单一的教育者转变成兼具教育者和受教育者双重社会角色的专业人员。这些都要求教师必须推陈出新、坚持学习、持之以恒，终身学习、提升专业能力方是自身成长的保障。

全人教育理念下全人教师的标准是：拥有一流的专业素养和健全独立的人格、尊重并爱每一个学生、注重学生的阅读和终身学习能力、启发每一个学生成为最好的自己[1]。全人教育理念下培养的学生、教师和学校没有一条标准和学生的分数有关，虽然不唯分数，但也不畏分数。因此，强调教师发展，关注教师成长的终身性、专业性和综合性，将视野扩展到教师一生的专业成长，打造全人学生的教育之路也是在打造全人教师。专业成就卓越，只有不断地打磨、聚焦，持续、创新、矢志不渝地学习才能实现成为卓越的目标。通过引领青年教师，培养骨干教师，带动全体教师的成长，促进学校教师队伍的整体优化，加快课堂教学改革、打造高效课堂，促进教师队伍的专业成长，这是培养教师队伍的基本思路。

二、教师成长的十堂进阶课

作为教师应当努力学习提高知识水平，拓展宽度，增加深度，提升自己的高度，首先要端正对工作的认识与态度，理解教育教学管理的等式与不等式：

等式： （1）经验＋反思＝成长

（2）兴趣＋方法＋智商＝成绩

（3）学生没问题＝教学有问题

（4）学生不听话＝教师治教无方

---

① 周春良.卓越教师的个性特征与成长机制研究——基于 163 位特级教师的调查 [D].上海：华东师范大学，2014.

不等式：（1）态度＞能力

（2）状态＞方法

（3）反思＞苦干

（4）研究＞经验

（5）智慧＞知识

（6）合作＞独行

（7）惩戒≠体罚

（8）教学成绩≠教学水平

（一）为师先养德

"师德为先"是新时代教师队伍建设改革的重要价值导向，已经成为衡量和评价教师专业素养的重要标准。新时代需要的是有理想信念、有道德情操、有扎实学识、有仁爱之心的道德高尚的"四有"教师[①]。

由于工作的周期性、重复性，教师是个容易产生职业倦怠的行业。为从根源上解决这一问题，必须立好为师之德。师德建设不是一纸空谈，更不是言之无物，靠的是办学思想的凝聚作用、领导班子的带头作用、规章制度的"给尺子"和"甩鞭子"的约束和激励作用、师德教育的强化作用、榜样的引领和辐射作用、人文化管理的感悟作用、课堂主渠道发挥的长效作用以及心理健康教育的渗透作用，只有发挥这些力量的综合作用和有机合力，多管齐下，才能从思想根源上树立为师先养德的理念。

坚守道德底线，忠诚于教育、忠诚于学校。人人都是学校的一张名片，教师的形象比标语更有说服力。身为教师，要用阳光的心态对待学生，换一个角度理解学生的缺点，努力培养学生的

---

① 陈宁 . 师德建设新维度：组织文化的视角 [M]. 北京：首都师范大学出版社，2011.

生活习惯、行为习惯和学习习惯。以生为本，因材施教，教学相长，终身学习，成为一个品牌型的教师，也是对师德理念的践行。

师德之本是敬业 工作是安身立命的根本，敬业是师德的根本。良好的工作态度、顺畅的干群关系是构建和谐教师关系、师生关系的前提，这些关系的和气畅通是师德师风建设的关键。

师德的基本要求是身正为范 进校园不能吸烟，打造无烟校园。进入办公室、教室时，手机调至静音。工作日做到禁酒、不吃请、不收礼、不得有偿家教。实验中学人共同的思维方式是守规矩、照章办事，干事创业、通情达理。学校工会委员会编辑出版了《茌平实验中学师德词典》。学校的电子屏，每天轮流滚动着教师们的正能量寄语，其内容从工作到生活，有包容，有感触，有建议，方方面面、点点滴滴既教育了学生，也记录了教师的成长。

内化于心，才能外化于行，才能用到教育教学实践中去。学校根据国家师德要求，依据《中华人民共和国义务教育法》《中华人民共和国教师法》《中华人民共和国未成年人保护法》《中小学教师职业道德规范》《山东省中小学教师职业道德规范》《聊城市教师职业道德规范 71 条》等规定，结合学校实施精细化管理的要求和实际情况，制定了《茌平实验中学师德师风量化考核方案》。

《茌平实验中学师德师风量化考核方案》规定，每年学校组织教师在师德师风建设方面进行考试，成绩计入师德考核。师德考核结果作为教师评选先进、考核聘用、职称晋升的重要依据之一。凡有《茌平实验中学师德师风量化考核表》中所列"一票否决"情形之一者，师德考核结果直接确定为不合格等级。凡师德考核不合格者，不得参与各种表彰和评优活动。考核内容包括：政治学习及笔记，教师职业道德法律法规考试和教职工师德表现。学校教职工师德考核在师德考评小组领导下，由相关科室和年级组组织实施，其中政治学习及笔记和教师职业道德法律法规考试由工会组织实施，教职工师德表现由学校工会牵头，相关科室每月末将本月公示无异议的师德考评结果经科室主任、分管校长、年级校长签字后上报工会汇总并存档。成绩由每学期末累计考核结果，年度考核结果按考核总分设优秀、良好、合格、不合格四个等级。师德考核优秀者，教师综合考核师德项记满分30分；师德考核良好和合格者，教师综合考核师德项分别减1分、2分；师德考核不合格者，教师综合考核师德项为0分。

（二）守住底线

"智者见于未萌"，教师工作要增强忧患意识、坚持底线思维。守住底线，提前防范，化解风险，居安思危才能维护安全环境。学校安全重于泰山，领导要率先垂范，学校的制度化管理要抓住四个底线：除师德底线外，还有安全底线、法治底线和财务底线。

安全底线

校委会根据学校实际情况，制定了一系列安保规章制度，并按照制度进行严格落实。例如《茌平实验中学领导干部值班带班制度》《茌平实验中学安全隐患排查制度》《茌平实验中学保卫科管理制度》《茌平实验中学校外人员入校登记验证制度》《茌平实验中学消防安全责任制度》《茌平实验中学校园工程施工安全管理和质量监控制度办法》《茌平实验中学交通安全制度》《茌平实验中学学生上下学管理制度》《茌平实验中学外出审批制度》《茌平实验中学财务管理制度》《茌平实验中学学生宿舍管理制度》《茌平实验中学住宿生管理办法》《茌平实验中学关于住宿生停宿禁宿的规定》《茌平实验中学宿舍管理人员工作时间及流程》等。

法治底线

校园暴力事件和未成年犯罪事件的发生，狠狠敲响了学校安全的警钟。校园安全必须预防为主，警民联动，进行节点控制和重点对象的预防。

学校通过召开师生安全教育大会，剖析恶性事件形成的种种因素及深层原因，探讨避免事故发生的办法。学校定期联合公安局、法院、司法局、消防大队、医院等部门组织召开法制报告会，每次均由两个部门联合主讲，主讲单位提前备课，以案例解读为主，让法治观念深入人心。学校还组织学生到当地派出所、法庭上现场法制课。学校要依法治校，教师要依法执教。让师生始终牢记生命第一、安全第一、法律至上。

财务底线

为加强财务管理，规范财务制度，严肃财务纪律，做到有计划的支出，确保教育经费收支平衡，为学校教育事业发展提供经费保障，学校根据上级相关文件，制定了财务管理制度，严格财务管理制度和流程并进行落实，力图做到四面见线，以保障财务安全。具体措施包括：

1.加强财务管理，实行领导班子成员集体理财制度。领导班子根据学校当年收支情况，年初集体研究制定学校全年经费支出计划，年终向全体教职工作计划执行情况报告，并将当年的年初计划和年终总结上报教育局。

2.实行民主理财。凡重大支出必须经领导班子研究，由教代会通过后决定。

3.凡学校计划新建、改建、扩建维修等工程项目及大额购置超过2万元的支出要经过领导班子例会研究，同时上报教育局审批，批准后方可实施。凡是符合招投标条件的项目，要按照招投标有关规定执行，工程项目要坚持预决算制度。

4.凡支出单据一律实行联签制。实行购买物品申请制度，报销凭据由经手人、年级主任、分管校长核实、签字，属有形资产类要经实物保管员验收入账，然后报请校长审批。没有相关人员的核查签名，不得报销。

5. 量入为出，学校当年收支必须做到无赤字、有结余，确保收支平衡，防止负债运行。

6. 领导班子成员外出考察必须报请教育局批准同意后方可出行，否则发生的一切费用，均由组织者个人承担。

7. 努力做到节约、压缩开支。在保证学校工作正常运转的情况下，学校必须结余一定比例的资金，用于改善办学条件。

8. 学校各项收入全部入账，实行财务一本账。学校收费标准应根据国家政策和法律法规要求，杜绝乱收费。

9. 学校财务要及时公开、公示，认真接受民主监督。学校要把本校财务收支情况在学期末向全体教职工公开、公示，对群众提出的疑问要做出明确解释，阳光操作，增加透明度。

10. 加强固定资产管理，严防集体资产流失。学校必须建立资产账簿，新增固定资产要及时登记入账。因工作需要存放在个人手中的固定财产，工作变动时必须移交回学校。对固定资产每半年清查、核对一次。固定资产报废、报损要经过总务主任、财务科长、资产管理员鉴定，并出具书面材料，报教育局、财政局审批。审批后要及时冲账，切实做到账账相符、账物相符，严防集体财务流失。

学校财务支出分重大工程建设、较大数额财物购置、较小数额财物购置和易耗财物购置四级，根据不同类型走不同支出程序。重大工程建设：经校长办公会集体研究，学校写申请后，上报区教育局及区财政局批准，按《中华人民共和国招标法》规定，走招标程序。较大数额财物购置：经校长办公会集体研究，学校写申请后，上报区教育局批准，委托招标公司招标。较小数额财物购置：由学校"六人购物小组"进行招选工作，公司报《竞标书》竞标。易耗财物购置：由使用人先填写预购申请单（包括品名、型号、规格、一般单价、数量、总价等），经主任同意，报分管副校长、校长审批后，采购小组进行购买，交后勤处清点核对，由购买人、主任、分管副校长在相应票据上签字，报财务科，财务科对公转账，每周五联席会后集中签单。财务做到周清月结不拖沓，购物的不管钱，管钱的不购物，即购、支两条线，且所有收支项目，通过电子屏幕予以公示。

（三）找准定位，不断突破

实际教学工作中有部分教师的教学效果不好，经常给自己找客观理由，学校在教师的成长中提出了"不为失败找理由，要为成功找方法"的教师成长理念。

教师成长的关键是明确自身定位，找到成长中的瓶颈，突破自己，提升自己，升华自己，才能变成优秀的老师，进而成长为名师。教学水平变化规律往往如图1所示，随着教学年限的增加，持续学习教师和不持续学习教师的教学水平在前八年都是呈先增加再稳定的趋势，没有明显差距。但是从第八年开始出现分水岭，而且随时间发展差距越来越大。因此，通过自我分析、自我反思，在专业学习中找到专业成长的路径，可以实现专业能力和教学能力的成长。向书本学习、向别人学习，强化自我反思、自我梳理、自我总结，在学习、反思、总结、不断尝试中前进是教师成长的必经之路。

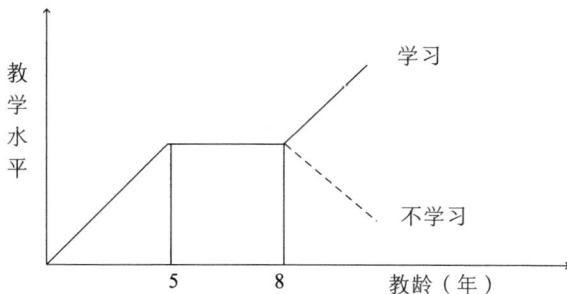

图1 教学水平与教龄变化示意图

（四）研究学情为常态

教育教学既是一种技术也是一门艺术，无论是教学还是管理都要研究学生，了解学情才能使教与学的效果相得益彰。课堂的功夫在课外，备课就要备学生。教师要共同研究、掌握每个学生现有的知识结构、兴趣爱好、思维情况、认知状态、生理心理状况、家庭情况、学生个性及其发展状态和发展前景，掌握其学习动机、学习兴趣以及生活环境等，并进行学情分析。了解学习该内容时具备的与该内容相联系的知识、技能、方法、能力等，以确定新课的起点，做好承上启下、新旧知识有机衔接工作。针对本节课或本单元、本课程的教学内容，确定学生需要掌握哪些知识、具备哪些生活经验，然后分析学生是否具备这些知识经验。

现代学生由于学习习惯、学习兴趣、知识基础、学习能力等不同，也形成较大的个体差异。了解掌握每班学生中学习能力突出的尖子生和学习能力较弱的学习困难学生的不同情况，因材施教、采取灵活变通的教学策略，也要对整个班级的学习风格进行分析。一个班级的学生在一起时间长了会形成"班级性格"，有些班级思维活跃、反应迅速，但往往思维深度不够、准确性稍微欠缺；有些班级则较为安静，但可能思维较为深入、全面。

陶行知先生说："好的先生不是教书，不是教学生，乃是教学生学。"不同年级段的学生都有自己的一套学习方法，不同的教学内容需要不同的学习方法，教师只有事先了解学生对本学科学习方法的掌握情况，才能根据不同的教学内容进行相应的学法指导，才能实现教学效果的最优化。教师要研究、分析学生在学习知识时可能会遇到的困难，在备课中要努力关注和发现学生在学习中可能存在的障碍，具体分析这些困难和障碍产生的原因，思考具体针对性的教学策略。

在上课的时候，多注意观察学生，与学生互动，为每一个学生创设活动的机会。课后通过找学生谈心或其他渠道获取信息，了解学生的学习态度。为了增加对学生的了解，初一新生开学后第一个月，教师可以班级为单元组合成作业组联合办公。学校建议任课教师在两周内背过全体学生名字；三周内了解学生家庭情况和兴趣爱好；四周内培养起学生好的生活习惯，包括上课前的预习习惯、听课做笔记的习惯、趁热打铁的复习习惯、上自习课的自学习惯等学习习惯。在月考后，学校也要随即组织召开家长会，会议内容主要是与家长沟通如何帮助学生适应新环境、与青春期的孩子如何沟通、如何培养孩子树立起理想等主题。从开学的第二个月开始，教师以学科为单元成立备课组联合办公，共同教研，研究教材，研究学生。备课备学生，把教育教学的具体措施与学情结合起来，这样的教育教学效果才是有针对性的。优秀的成绩与教师们研究学情常态化是密不可分的。

（五） "经常拉出来遛遛"

"经常拉出来遛遛"是指各学科有组织、有计划举行的听评课活动，特别是新教师、年轻教师更要积极参加，主要包括以任课教师为主体的全体晒课、观摩课、推广课、标杆课、公开课等"校内遛"活动（流程如图2），以及以教务处和教科处为主体去课堂听评课的"两条腿遛"活动。

这些活动为教师们搭建了提升素质和交流学习的平台，充分体现了实效性、常态性、全员性、教研性的特点，促进了教育教学水平的提升，是教师成长最直接、最有效的途径，是提升每位教师的业务素质、创建高效课堂、落实全人教育的重要举措，也是教育教学工作的根本。

晒课 全体任课教师每人每学期都要讲一堂公开课，教师提前一周向教科处申报。晒课由教科处负责，是常规教学的一部分。教科处提前一周制定出全校任课教师的晒课表，在周一上午签到时电子屏幕的《今日公开课》栏目上公示，每周都有不同学科、不同年级的教师晒课。晒课由领导班子、教务处、教科处、没课的同学科的教师成员参与，要求节节点评，人人发言。

观摩课 教科处对每周不同学科、不同年级教师的晒课进行评议，评出的效果突出的优质课，上报为观摩课。

推广课 教科处对观摩课的教学全过程进行诊断、打磨后推广，首先推广到本年级同一学科共同研磨，是为推广课。

标杆课 教科处将推广课雕琢、设计后，推广到全校同一学科，共同学习、研磨，作为标杆课。

公开课 教科处把标杆课练讲、推敲、完善后，推广到全校所有学科，共同学习，是为公开课。

教科处根据《高效课堂标准》在每学期各学科内进行选拔，推出观摩课、推广课、标杆课、公开课，在录播室录制后教科处登记存档，以上课程根据级别列入不同系数的考核成绩。

教务处和教科处两个科室去课堂"遛"：教务处"遛常规"——寻找教学过程中的不足后，提出意见和建议，进行整改；

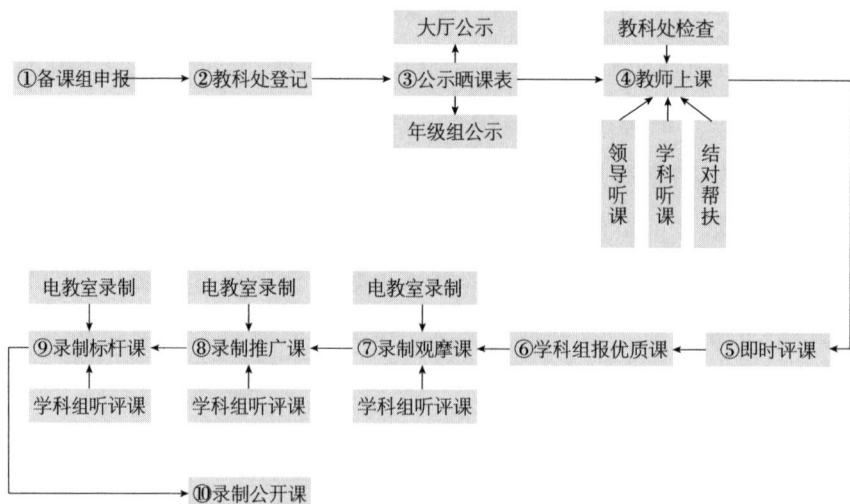

图2 公开课选拔流程

教科处"遛提高"——发现教学内容中的亮点后，记录、梳理，进行推广。另外，学校还建议领导班子、党员、全体教师们推门进课堂听课，即"遛课堂"。

（六）从"双证"到"双优"

"双证"即教师资格证和心理咨询师证，"双优"即教学成绩优秀、教育管理优秀。

学校对生活困难、学习困难或存在心理健康问题等需要重点关注的学生，进行年级全覆盖，通过心理健康教育活动课、班团队会、团体辅导、心理训练、专题教育活动、专题讲座等形式开展心理健康教育，针对学生在学习、生活、人际关系和自我意识等方面可能遇到的心理失衡问题，主动采取举措，避免因压力无法缓解而造成心理危机。

学校建设心理健康教育专兼职教研队伍，建立健全学生心理健康教育定期视导机制，提升教师的心理健康教育专业水平，促进心理健康教育工作规范化、科学化开展。通过与北京师范大学、华东师范大学、山东师范大学、山东省教育科学研究院、广西师范大学、聊城大学、聊城市心理学会等高校和机构合作，邀请专家来校授课辅导，出台激励政策，设置专门经费等措施，鼓励教师学习心理学、考取心理咨询师证，提高育人的能力，实现"双证"上岗，推进学校心理健康教育特色建设。截至 2018 年年底，全校已有近40% 的教师获得全国心理咨询师证，实现"双证"上岗。

在实现"双证"的过程中，教师们不但专业水平得到了提高，心理素质和与学生沟通的水平也有了从量变到质变的突破，因而教学成绩也有了大幅提高，多数"双证"教师都是教学成绩优秀、教育管理优秀的骨干教师，实现了从"双证"到"双优"的飞跃。这项措施同时带动了城区科局及附近乡镇中学人员的积极报名、培训学习，学校的心理健康教育工作宗旨也从"排忧解难"转变为"助人自助、调节情绪、快乐生活"。

（七）当好班主任

教室是学生学习的第一场所，班级是学生学习的重要单位。班级管理是一门科学，也是一门艺术。如何打造积极向上的班级文化，塑造学生优良品质、激发进取精神、关注学生发展、发挥学生的潜能是班主任在教育实践中表现出来的教育教学技艺所在。

班主任是一个岗位，更是一种责任。身教胜于言教，班级管理理念不是空洞说教，而是班主任的身体力行，是与学生在班级每件事情上的一起经历和共同成长。班主任要做学生精神的供养者，满足他们被爱、被尊重、被信任、被接纳、被理解、被认可、被重视的安全需求；做学生知识的授予者，传授专业技能，为扎实学习把好关；做学生人生的导师，在迷茫的时候，释疑解惑，帮助学生树立理想，科学规划方向。班主任的管理要民主，学生是班级管理的主人，遇到问题广泛征求师生意见，群策群力，共同解决，形成班级管理合力。班主任要平等、公平地对待每一个学生，刚柔并济、宽严相济，具有原则性和灵活性。

班级管理首先是建设积极向上的班级文化，师生共同制定目标，建立秩序、建立班规、建立激励机制，树立个人的竞争意识和集体的团结意识，推进学生自主管理。班训、班名、班服、班照、图书角、小组文化、教室绿植等是班主任组织学生对班级理念文化的共同设计，个人挑战书、理想树、座右铭等是班主任指导学生对个人课桌文化的个性设计。

班主任要做好课堂管理。课堂是教育教学的主阵地，学生是课堂的主体，关注课堂上的师生互动、生生交流。学校教室里设置了办公桌与家长席，既方便了家长与教师的沟通，又督促了教师的教学。班主任需要与任课教师勤沟通、互相学习、共同提高，一起研究和管理每天的家庭作业。

班主任要处理好同学之间的关系。进行激励和有效的批评，掌握爱与罚的度。要做好学生的心理教育，仔细观察每一位同学的学习情况和生活细节，帮助学生消除成长中的烦恼，帮助他们拥有阳光积极的心态。

班会是班主任对班级进行管理的主要阵地，也是对学生进行德育教育的主要途径。班会不能流于形式，要解决实际问题，进行深层次的交流沟通。除常规班会外，班主任针对出现的社会问题和热点问题也可以召开即时班会，随时沟通和交流。管理要用好"同盟军"。常与家长沟通、教书育人的人不仅是学生，还包括家长。精心设计家长会，让家长帮助学生一起树立理想、制定目标、研究学习方法，这需要班主任做好档案管理工作，家校共育联合开展。

学校配合班主任的班级管理，形成欣赏和表扬教师的氛围，让本班教师变成学生心里的偶像，沟通的质量决定教育的品质，学生和教师情绪顺了，心态正了，教学关系也就顺畅和谐了，教学成绩也自然提高了。

（八）强教先强师

强国先强教，强教先强师。教育者先受教育，传道者先受道。强国建设，教育强国是先导；教育强国，教师队伍是关键，师资队伍的建设是学校工作的重中之重。只有培养造就一支师德高尚、业务精湛、充满活力的高素质专业化全人教师队伍，才能培养出全人学生。如何提供教师成长的环境与资源，加大对教师专业发展的培训力度，提升教师综合素质、专业化水平和创新能力，培养骨干教师，探索名优教师队伍建设体系，开展领军教师培养具有重要意义。进行"雏雁"培优，形成"头雁"领飞，带动"群雁"齐追，共同成长的全学科教师人才发展格局，为推动学校教育高质量发展提供有力支撑。学校出台了《茌平实验中学教师专业发展规划实施方案》，重点关注对青年教师和骨干教师的培养和发展。

青年教师的发展

每个新的学年，总会有新教师进入学校，有的是刚入职的大学毕业生，有的是从其他学校调入的教师，他们在教学第一线任教的比重逐年增高。他们思维活跃，给学校带来了新的生机、新的活力和新的希望。在新的课程改革背景下，怎样让青年教师在较短的时间内，快速进入新的角色，融入教师队伍，尽快成为教学业务骨干，学校制定了《茌平实验中学青年教师培养方案》，在新教师入校一周内安排岗前培训，提供各个方面的培训指导，并为他们配备了导师，在导师带领下学习、成长。

案例1

2016—2017 学年实验中学新教师岗前培训方案表（节选）

时间安排	培训内容	关键词	负责人
9月4日	学校介绍	行政、党务	办公室主任
	生活培训	食宿安排	后勤副校长、生活科科长
	师德培训	以德立校、依法治校	分管工会副校长
	制度培训	工作纪律	教学副校长
	考勤培训	考勤、请假、教学常规	教务处主任
9月5日	制度培训	考核、评价（如何量化）	督导室主任
	妇委会培训	信息沟通	妇委会主任
	安全培训	安全细节（尤其是班主任）	安全副校长
	信息化培训	设施设备使用、维护	电教中心主任
9月6日	社团管理培训	活动、特色	团委书记、少先队大队长

续表

时间安排	培训内容	关键词	负责人
	班级管理培训	德育、管理（如何量化）	政教处主任、优秀班主任
9月7日	课堂教学培训	三色两案、六个度、晒课、教学能力	教科处主任
	青年教师体会汇报	自我介绍、工作设想、优势特长	年级副校长

骨干教师的培养

为了进一步加大骨干教师的培养力度，激发教师的发展潜能，提升职业道德境界，开发职业兴趣，形成个人教学特色，促使骨干教师迅速成长，根据教师培养要求，遵循教师成长规律，学校采取全方位、多途径的培养途径，建设一支具有现代教师素质和创新精神的新型骨干教师队伍，为学校教育教学的持续发展奠定基础。学校出台了《茌平实验中学骨干教师培养计划及实施方案》，结合教师的师德表现、专业水平、教育教学实绩和区域影响力，分学段学科，按年度择优遴选培养对象，制订骨干教师培养计划。

案例2

茌平实验中学骨干教师培养计划及实施方案（节选）

四、相应的待遇

学校为在培养范围内的骨干教师提供参加高层培训和外出学习、考察、研究的机会，让他们了解国内外先进的教育理论、教育方法、教育手段，掌握学科教育发展的新动态、新知识、新技能。同时，各级各类的评先、评优、职称晋升将优先考虑培养对象。落实《茌平实验中学2017—2018学年教职工综合考核办法》

中对骨干教师的有关奖励规定：

1. 获区级、市级、省级、国家级教学能手或骨干教师者，分别加 0.5 分、1 分、1.5 分、2 分（取最高等级）；

2. 学科主任在综合考核中的加分公式：

$$1 \times \frac{a}{3} + 2 \times \frac{b}{6}$$

a：分管年级数；b：年级区名次

五、培养措施及管理办法

1. 加强师德师风建设。加强骨干教师的政治学习与师德教育，鼓励骨干教师爱岗敬业、勤奋工作、乐于奉献，形成过硬的思想作风和师德修养。创造条件让他们在实践中经受锻炼，以提高组织管理能力。

2. 加强校本培训学习。学校是骨干教师培养的主阵地。校本培训具有针对性强、实效性高、受训面大等特点。因此，校本研修是骨干教师培养的主要形式。学校充分利用教育教学实践活动，按照"研培结合、以研促培"的工作思路，通过举办讲座，上示范课、观摩课，开展专题活动及常规教研活动，采取"实践反思""同伴互助"等行之有效的方法开展培训工作。

3. 在分配教学任务、承担科研课题、安排参加学术活动和社会活动方面，应优先考虑重点培养对象，为他们创造脱颖而出的条件，给他们压担子、提要求。

4. 结对带徒，促进成长

为了加快学校培养骨干教师的力度，进一步促进青年教师的成长，学校选派思想素质高、业务能力强、教学经验丰富的骨干教师与新教师结对，指导他们的教育教学工作，开展听课学习、观摩研讨、反思总结等教学活动，不断提高教育教学的能力，促进青年教师的成长。

5. 在培养过程中，物色、选拔一批优秀的学科带头人，并根据他们的实际水平和能力，提拔到合适的领导岗位上来，以适应学校师资队伍建设和发展的需要。

6. 学校在骨干教师的培养期间，积极鼓励他们参加各级各类的培训、学习活动，积极鼓励他们参加高一层次的业务进修。骨干教师参加进修、学习、科研等活动的经费由学校支付，培训费用除按上级相关文件执行外，学校还给予其一定的补贴。

7. 学校定期召开骨干教师培养工作座谈会和经验交流会，并对做出较大贡献的教师给予奖励和表彰。

（九）"教育家"论坛

教师培训和校本教研是师资队伍建设的主要手段。师资队伍建设除面向青年教师、骨干教师的重点培养工程外，还面向全体教师，学校展开的培训包括校本培训、外出培训、聘请专家和网络培训等。外出培训和聘请专家这些"请进来，走出去"的培训方式虽然在一定程度上促进了新课标的实施和教师的专业成长，但是受培训费用的制约，这种培训方式直接受益的教师数量是有限的。因此，植根式的校本培训则显得更实惠、高效。

于是，学校在校本培训中组织全体教师针对专题进行论坛，同时邀请专家参与讨论、适时点评，并在论坛后充分利用校园网共享论坛成果，开拓了适合学校校情的引领教师专业成长的实效、方便、节约的途径——学校每年组织的"教育家"论坛。教学有法无定法。论坛上，教师们展开演讲，道出了各种各样的问题，也找到了互相学习的各种方法和经验，在观点碰撞中实现了认知升华，减少了抱怨，提供了办法，提高了认识。

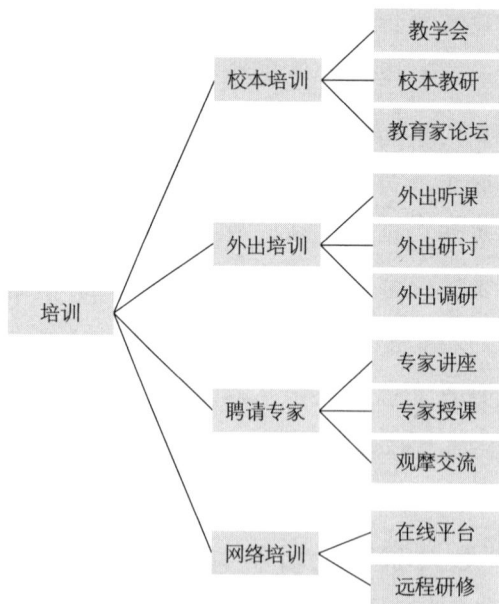

图3　茌平实验中学教师培训类型

任何研究都以问题为导向，论坛强调解决教师自己的问题、真实的问题和实际的问题，应该敢于暴露问题，善于发现问题，勤于交流问题，全面客观地分析问题、反思问题。问题从何而来？主要是三方面——课改、课堂、课题，具体可由校委会、教科处、年级组和教研组进行调研，了解收集教师教育教学工作中的问题与困惑，新课改背景下教育教学的热点问题、焦点问题、疑难问题，学校战略文化工程的相关问题，以及结合学校工作思路设计问题专题。

问题即课题，教师在教学中遇到的实际问题和困惑就是论坛要着力研究的校本课题。教学即研究，面对实践中出现的问题和困惑，应该少一点抱怨、少一份急躁、多一份重视，积极地用研究的眼光、心态和行动对待。论坛给大家树立的观念是：教室、办公室就是研究室，处处时时皆可研究，教师每天面临着最真实的教育教学情境；教师不只是教书匠，而是研究者。成长即成果，教师在论坛中能够受益成长，专业素养有所提升，这就是最大的教研成果。

在此基础上，老师们在论坛前期，围绕专题广泛收集资料，就自己的实践经验进行反思和总结，论坛由学校组织评比，对评优教师予以一定奖励。论坛后，教科处将有价值的观点、经验总结、案例论文发布校园网上，或组织在下次研讨会上对有待研究的专题深入探讨。学校通过活化校园资源，扩大了开放范围，不仅是教书育人的地方，而且是科学知识普及地、城市文化集散地、前沿思维汇聚地。

学校应当形成一种积极研究、认真讨论的氛围，这样教师事业心会更强，眼光会更独到，个性会更鲜明。学校以论坛为载体，搭建自我展示、互相学习、沟通交流、思想碰撞、激发创新的平台，使教师们胸怀教育的理想，实现理想的教育，从而感受到教育的成就感，促进教师的成长。同时，通过生动丰富的论坛活动，交流办学思想，增进教育共识，展示办学成果，分享教育智慧，提振工作士气，提升学校的办学品位和办学质量。

（十）从职业到志业

职业是赖以谋生的饭碗，志业是一份志向与事业。一字之别，是工作态度的差距，是教育信仰的不同。工作态度决定工作能力，也决定了工作发展。学校要丰富教师的精神世界，改革思维方式，构建积极向上的核心价值观体系，学校无论是领导干部、一线教师还是教辅人员，都要建立崇高的社会主义核心价值观的信仰。从自己做起，从现在做起，少埋怨环境，多改变自己，做有灵魂的教育，当有信仰的教师，实现全体教职工从职业到志业的发展。

认知不同，格局与信仰就不同，成就与价值也当然不同。曾经有这样一个故事：在建筑工地上，采访了几位盖大楼的工人，有人说自己是在搬砖，有人说自己是在盖一栋大楼，有人说自己是在建设一座城市。对同一份工作，有不同的视角点和认知，就会有不同的回答。二十年后，说自己是在搬砖的那个工人仍然在搬砖；说自己是在盖一栋大楼的那个工人成了一名建筑工程师；说自己是在建设一座城市的那个工人成了这座城市的重要领导。如果把工作当作负担、累赘，不但自己不快乐，甚至有可能在竞争中失去这份工作；如果把工作当作职业，最好的结果是成为行业的优秀或模范；如果把工作当作事业，就会从优秀中脱颖而出走向领导和管理岗位；如果把工作当作志业，这就是一份信仰的践行，注定会创造奇迹，铸就辉煌。

做有灵魂的教育，当有信仰的教师。教育要有信仰，无论是校长、领导班子、教师、学生还是学生家长，都要有自己的信仰，这份信念是对工作质量的保障，是对学生未来发展和人生道路的保障。没有信仰就不能称为教育，只是教学技术而已。水平高的管理者和教学成绩优异的教师从来都是人类灵魂的塑造者。在每年新生开学典礼上，校长带领全体教职工面向全体学生集体宣誓，用仪式感促进大家提高认识、提升教师的教育信仰。教师在这些岗位理念的指导下，坚守教育的道德要求，坚持教育事业的高质量发展，有了坚守信仰的高素质教师队伍，才会铸就人民满意的学校，培养和教育出全人。

案例 3

茌平实验中学教师岗位理念之《爱岗敬业 精于细节 15 条》

让民主成为钥匙，就会打开彼此的心灵；

让高效成为追求，不让工作在我手中打折；

让精干成为习惯，不让自己懒散拖沓；

让严谨成为律条，不让差错在我身上出现；

让务实成为境界，不让求真在我这里受损；

让谦虚成为风格，不让骄傲情绪滋生；

让守正成为标尺，不损害集体形象；

让激情成为自然，不让消极态度传染他人；

让投入成为状态，不让浮躁撩拨心境；

让创新成为灵魂，使他人享受我的创意；

让尊重成为储蓄，会收获更多的尊敬；

让阳光成为气质，使自己更有魅力；

让科学成为信仰，一起走进知识的海洋；

让持之以恒成为品质，懂得坚持；

让工作成为乐趣，共同享受生活。

第四章

学生自主管理机制

教育的过程就是引领学生全面发展的过程，科学的自主管理能使学生更加健康、全面的发展，学生通过自主管理，培养自主学习能力、自主生活能力、自主管理能力、自主活动能力等，使其自主性、独立性和创造性得到充分发挥。学生自主管理主要通过其自我约束和自我控制，自我发现问题，从而自我分析和解决问题，个体通过发现、分析自身存在的问题，积极寻求解决问题的方案，使组织的管理方式由"被管理"转为"主动管理"。

学生自主管理机制是学校将组织的决策权充分向学生转移，调动学生的积极性，使其掌握充分的主动权，学生在向集体尽义务的同时享有对集体的管理权。在这一过程中，学生严格要求自己，不断发掘自身的潜能，提高自己对集体的责任感，从而推动个体和集体的共同成长。学校把学生工作做实做细，要加强对学生的纪律教育、养成教育、理想教育和磨难教育，让学生自觉主动地学习和生活，让他们学会学习、学会做事、学会合作、学会共处、学会竞争、学会放弃、学会善待他人。学生的自主成长，是从文化浸润储能，把外驱力化为内驱力，激发自身的动力，从而自我赋能。它是从心理自尊到行为自律的过程，是从自我管理到行动自立的过程，是从树立自信到坚持自强的过程。

一、学生自主管理理念

自尊自律是根本，自管自立是保障，自信自强是目标。

一般来说，自尊是指个体对自身的喜欢和重视的程度，即个体对自我价值的感知和评价[①]。最早美国心理学家威廉·詹姆斯在

---

① 查尔斯·霍顿·库利.人类本性与社会秩序 [M].包凡一，王湲，译.北京：华夏出版社，2020.

《心理学原理》一书中对自尊进行了界定，他认为自尊等同于个人抱负的实现程度，并提出了著名的自尊公式——自尊＝成功／抱负①。所以，学生从实践活动的过程中获得对自身情况的认知和体验，提高个体自我评价和自我接纳程度，可以提高其自尊感受。子曰："克己复礼为仁。"（《论语·颜渊》）自律就是在不受外界约束和情感支配的条件下，依据自己善良意志而行事的道德原则，也就是说，自律是自我管理的起点。自律就是时时严格要求自己，时时注意自己的一言一行，自律意识是影响人的道德品质形成与发展的重要因素，对社会良好道德风尚的形成和发挥道德规范的调节功能，都具有重要作用。自尊自律即为提高学生道德行为的主动性和自觉性，促进将道德理论转化为道德行为，因此，自尊自律是根本。

陶行知先生曾提出，学生自主管理"不是自由行动，乃是共同管理；不是打消规则，乃是大家立法守法；不是放任，不是和学校宣布独立，乃是练习自治的道理"。学生自主管理是在教师正确引导下，学生自觉的认识自身存在的价值，不断发掘自己的潜能，自己确立发展目标、自己掌控过程、自己进行正确有效的评价，最后形成既能适应社会需求又能提高个体发展的意识和能力的一种教育管理方式。自管，即学生是管理的主体，当对学生的管理从严格压制过渡到主动参与时，学生的管理意识和能力才能被充分发掘，从中养成自尊自律的好习惯，增强自信心，依靠自己的力量，努力奋斗，逐渐地走向独立和自主，实现自立。无论是自爱自律品质的培养还是保持，无论自管自立的思维还是行动，都不是一蹴而就、一劳永逸的，古人云"从善如登，从恶如崩"，自管自立是终身的事业，是学生自主管理的保障。

---

① 黄希庭，杨治良，林崇德．心理学大辞典 [M]．上海：上海教育出版社，2003.

　　自我管理如何实现，尤其是对于从青涩逐渐走向成熟的处于人生过渡期的学生？目标驱动的行动和自律是成功的关键，自信自强是学生自我管理过程中的目标所在。自信是一个人相信自己能力的心理状态，即相信自己有能力实现自己既定目标的心理倾向。自信是建立在对自己正确认知基础上，对自己实力的正确估计和积极肯定，是自我意识的重要成分，是心理健康的一种表现，是学习、事业成功的有利心理条件。对学生来说，有自信就能做到：相信自己能学好，知道自己该怎么学好并能认真去做；有良好的精神状态，能够积极生活，即使遇到困难和阻力也不轻易改变信念或者放弃；相信自己的社交能力，能够和多数人融洽地相处，轻松自如地交往；对自己的能力充满信心，相信自己只要努力，就能处理好一切事情；相信自己是最好的，能够全面客观地评价自己、认识自己、悦纳自己。自信会大大提高自己的生命力。自信者强，自强者胜。自强就是能克制自己、战胜自己的弱点，激励自己不断前进的品质。人的一生中，总是要遇到各种各样的挑战，承受来自不同方面的压力，引起思想和情感上的变化，如何在这种情况下，克服干扰，保持清醒的理智，做出正确的选择，保持坚定的意志和坚强的决心，一往无前地向着目标奋进，这是学业事业成功、生活开心幸福的一个关键因素。自信自强是学生自主管理的最终目标。

　　学校实现学生自主管理就是以其自尊自律品质为根本，创造见贤思齐、崇尚榜样的向善环境，通过自管自立途径作为保障，从而实现学生自信自强的目标。学生自主管理是从学生到公民的社会生活的初步体验，是从微观社会环境的预演，到宏观社会环境公民的实习，更是人生的经验积累和性情素养修炼，自主管理是成长路上的必经之路，也是首选之路。

二、学生自主管理能力的十三条培养路径

教育的目的是培养"全人"，全人教育的目的是实现人的全面发展。全人教育是指培养各方面综合成长的完整的人，成为道德高尚、人格独立、身心健康、智能双全的"全人"。全人教育是当代教育发展的一种新趋势，是现代教育发展的一种新视角，其教育思想是通过传授知识以形成健全的人格，促进人的整体、全面发展，使学生成为品学双收、人格完善的人。全人教育理念下的教育需要回归教化和育人的本质，遵循教书育人的科学规律，重视学生的身心健康，促进学生的全面发展。

在全人教育理念下培养学生自主管理能力，其理念是：身体健康，人格健全，志向高远，知识丰富，贡献社会。学校培养的是全面的、可持续发展的人，要尊重学生个体差异，做到有教无类。"四有"是学生的培养目标——心里有梦、眼中有光、手上有法、脚下有力。"四有"的学生源于"四有"的学校和"四有"的老师，浇花浇根是自然规律使然，育人育心是对教育规律的回归。心应该如何养？心要用心来养。苏联著名教育家马卡莲柯说过："没有爱便没有教育。"冰心也说过："有了爱，便有了一切，有了爱，才有教育的先机。"师爱是学生树立良好品质的奠基石。在学校工作中，需要情怀和理念，也需要爱的能力和智慧。因此，学生自主管理能力的培养需要学校充分把握教育规律和学生的身心发展规律，科学的安排，合理的设计，制定工作布局。全人教育理念的贯彻，需要合适的培养路径，展开学生自主管理能力的培养。

（一）开学第一讲

对于每一位老师每一个学生来说，开学是一个新的开始，是进入新阶段的分水岭，是新学期起航的标志，全体师生都怀着对未来美好的期盼，期待着成长和进步。良好的开始是成功的一半，

开学教育作为学校教育的一个开端，是学校教育的一个重要的节点，把握好这一契机对整个学期的学习推动、教学工作开展都将起到提质增效的作用。

尤其是我国寒暑假期时间跨度相对较长，假期结束时从散漫自在的家庭生活方式过渡到紧张有序的校园生活，很多学生的作息时间、学习状态等难以快速调整，学期初课堂上的分心走神、注意力难集中、缺乏学习兴趣和动力等现象较为普遍，影响了正常学习和教学效果。因此，在学期初始，学校需要做好"收心调整"工作，让学生适应这种生活方式和学习节奏的改变，尽可能地消除假期的消极怠慢等情绪，让学生能够尽快以高涨饱满的情绪迅速地投入新阶段的学习生活。

每年初一新生入学后即军训，为期一周的军训结束后学校召开军训验收、庆祝教师节、开学典礼的"三合一"大会，参加人员为全校师生和部分家长。开学第一讲，即校长在"三合一"大会上的讲话。开学第一讲是校长对学校育人理念的集中表达，也是对教学价值等基本问题的理性思考。它是建立在学校的整体思想、培养理念、长期规划下给全体教师、全体学生的校长致辞，阐述学校要培养什么样的教师、教育要给社会培养什么样的学生，作为校长给大家上的第一堂思想政治理论课，对全体师生的谆谆教诲，承载着对其未来成长发展的希望与嘱托，引起师生共鸣，全校统一思想，达成上下一致的培养理念。让学生感受到学校的关怀，激发全体师生的学习动力和热情，鼓舞他们奋发向上，帮助学生收心，尽快进入学习状态、燃起奋发斗志，获得精神和智慧的启发，在积极、快乐的校园氛围中充满期待地迎接新学期的到来。

将开学第一讲的内容落实到第一个国旗下演讲中，让学生解读、落实、理解；将开学第一讲的精神制定到学生的理想树里去，制订各项学习计划并循序渐进地落实。开学第一讲解决的就是——把学校的育人思想转化为全校师生共同行动的问题，它是全人教育理念的导入和思想引领，它拉开了学习、工作新生活的序幕，吹响了击鼓进军的号角。

案例1

茌平实验中学2018年秋季开学典礼校长发言

老师们，同学们：

下午好！

今天是9月7日，我们即将迎来第34个教师节。首先，让我们提前祝各位老师节日快乐！

新的学年，孕育着新的希望，在此我代表学校对新加入实中大家庭的初一同学表示最热烈的欢迎！

为期一周的军训圆满结束，对承训的各位教官表示诚挚的感谢："威风凛凛的教官们，你们辛苦了！"

一直以来，实验中学秉持"全人教育"的办学理念，以培养学生"身体健康，人格健全，志向高远，知识丰富，贡献社会"为目标，以"做有灵魂的教育，当有信仰的教师"为工作的出发点，各项工作百花齐放，硕果累累，深受各级领导和社会的认可。

今年实验中学的招生可谓"一座难求"，有大量的考生报名，但学校招生计划仅800人。希望同学们珍惜这个来之不易的学习机会，争分夺秒，手不释卷，不辜负老师和家长的期望！

同学们，我们实中有着辉煌的过去、让人自豪的现在和令人憧憬的未来。

过去的一年，是学校发展的关键一年，在全校师生的共同努力下，取得了可喜的成绩。2018年中考，我校获得综合考核、教学成绩双第一，全区前10名我校占7名，100名我校占47名，全区第一名是我们学校的王钧乐同学。初一、初二年级期末联考也取得了全区第一名的好成绩。全校教师没一个负分。

学校获得了多项荣誉：荏平区教书育人先进集体，聊城市"三八"红旗集体，聊城市初中教育教学工作先进集体，山东省模范餐厅，山东省信息化教育实践基地，山东省家庭教育示范基地，全国青少年校园足球特色学校，中美基础教育创新联盟理事单位等。这些成绩的取得，是老师们辛勤耕耘的硕果，是同学们努力学习的战果，也是家长们大力支持的成果。

同学们，你们正处于人生的一个重要时期——青春期，如果有逆反的心理，这也是正常现象。希望你们听老师的话。

做阳光男孩：有责任感，勇敢、自信、宽容、大气、绅士、风度翩翩。做一个有担当的男人！拿出你男人的血性来，因为你是一个男子汉！

做阳光女孩：学习上，巾帼不让须眉；行为上，文静、优雅、传承东方女性的美。

无论你是男孩还是女孩，都要自尊、自爱、自立、自强，做一个人格独立的人。

1. 教育就是爱。爱是第二颗太阳。爱父母，爱同学，爱老师，爱别人，爱自己。只有你爱别人，别人才会爱你。爱是人生的储蓄。

2. 教育就是培养习惯。严格遵守《荏平实验中学学生自我行为规范100条》《荏平实验中学学生一日行三字歌》《中学生日常行为规范》，只有在学校里认真遵守校纪校规，到社会上才能遵守国家的法律法规。"播种一种习惯，收获一种命运。"要知道，12岁以前的美丽是父母给的，12岁以后的美丽是自己修炼出来的。21天养成一个习惯，90天巩固一个习惯，同学，你准备好了吗？

3. 不但要身体健康，还要人格健全。

（1）学会表达。希望同学们积极参与我们班级的课前十分钟演讲，训练你的表达能力，实验中学要培养能干会表达的人。

（2）学会沟通。与同学闹别扭时，学会说"对不起，请原谅"；当同学来帮助你时，学会说"谢谢"；"请""您好"，要常挂在嘴边。

（3）学会用和平的方式处理问题。我们有严格的校规，违反校规将面临转学或停宿的处罚。

4. 课桌文化是实中特色。设计好你的座右铭和座左铭，不仅要用座右铭激励自己，更要用座左铭正视自己的缺点和错误，向小错告别，奋发向上。

5. 培养人文素养。同学们，在一个人读过的书里，可以看到他的气质、理想和情怀。多读书，读好书，腹有诗书气自华。传统文化是民族之根，民族之魂。要坚定文化自信，弘扬优秀传统文化，回归初心，重读经典，去经典中寻找本真。

6. 培养科学素养。希望同学们在日常生活中，多问几个为什么，培养自己的动手能力和创新精神。上学年，我校在创客竞赛活动中，有4名同学获得了省一等奖，1名同学获得了省三等奖，学校也获得了聊城市优秀组织奖。他们是当代的小科学家、小发明家，也是你们的榜样！

7. 培养艺术素养，要求学生至少掌握一门艺术特长，做一个全面发展的人。学校艺体处有优秀的师资队伍，带领学校团队在各种大赛中取得佳绩。上学年，我校获得了省舞蹈大赛三等奖、市羽毛球比赛第一名、市合唱大赛二等奖、区田径运动会第二名、区舞蹈大赛第二名等荣誉。

8. 要有个性。世界上没有完全相同的两片树叶，我们尊重你的个性，培养你的个性，鼓励你发展你的个性。在实中这片沃土苗壮成长吧！

9. 要有持续力。绳锯木断，水滴石穿。即使你遭遇了失败，抑或是取得了阶段性的成功，都要持之以恒，坚持到底。

10. 学校非常重视学生的心理健康教育：

（1）教师持"双证"上岗，成立了心海扬帆工作站。截至2018 年 7 月，已有 67 名教师获得了国家心理咨询师资格。孩子们，当你们有心结的时候，当你们对有的事情想不开的时候，工作站的老师随时会为你们答疑解惑。

（2）"1+N"导师制。课前课后、饭前饭后，师生之间谈心说话，已经成为学校一道独特而温馨的风景线。你们的组合老师是谁？可以把他看成你的爸妈！

11. 老师身正示范。要求老师：

（1）上课不带手机，工作时间调到静音。

（2）进校园不吸烟。

（3）周一至周五严禁饮酒。

（4）不吃请，不收礼，不进行有偿家教。希望同学们监督。

新学期开始之际，我向同学们提出以下几点希望和要求：

1. 要有孝心。百善孝为先，孝为德之根。这是中华民族的传统美德。在家孝敬父母，孝敬老人，在校尊敬老师。

2. 学会感恩。感恩是一种处世哲学，也是生活的大智慧。滴水之恩当涌泉相报。不要做一个忘恩负义的人，要做一个有良心的人。

3. 科学上网。网络是把"双刃剑"，合理利用可以帮助学习，否则会伤害自己，甚至危害社会。在校严禁带手机。

4. 重视你的书写。"字如其人"，写字就是写修养、写气质、写格调、写境界，电子阅卷对书写规范要求更高。

5. 科学用眼，预防近视。书写时坐姿要端正，远离电子产品，避免长时间连续用眼，定期检查视力。

6. 做一个志向高远的人，做一个有梦想的人。每个人都应当和自己作一个约定：和人生约定一米，再飞也只是蚊子、苍蝇；和人生约定一万米，你就是雄鹰！

7. 不要攀比。富不过三代，穷不过三代。可能有的同学家庭条件很好，但是一切都是父母的不是你自己的。比父母不是本事，比吃比穿比用不是本事，比学习成绩和能力才是你自己的本事。

8. 要有拼劲。社会很残酷，竞争很激烈。要想在强手如云的社会中拥有立足之地，那就要拼尽全力做到比对手再强一点点。世界上最可怕的事情，不是有人比你优秀，而是优秀的人比你更努力。

9. 学会欣赏。欣赏是快乐的，被欣赏是幸福的。与人相处要多看别人的优点。摒弃嫉妒心理，学会为他人鼓掌、为他人喝彩。

10. 学会交友。与善人交，如入芝兰之室，久而不闻其香；与恶人交，如入鲍鱼之肆，久而不闻其臭。你是谁并不重要，重要的是你和谁在一起。

11. 学会静思。每个崭新的一天，迎着晨光想一想，今天该怎样度过？踏着夕阳问一问，今天有什么收获？

12. 学会合作。单丝不成线，独木不成林。"我害怕，当我成功的时候，发现只剩下我自己。"

13. 学会管理时间。凡事要有计划，安排进度，给自己设定一个倒计时。

14. 学会放弃。要懂得"舍得"的道理。"有舍有得，不舍不得，大舍大得，小舍小得。"做一个简单的人，纯粹的人。

15. 要爱国、爱家、爱校园。走进实中，我们有着不同的名字，走出实中，我们有一个共同的名字，叫实验中学。爱实验中学吧，爱它就要保护它。弯下腰，捡起一片垃圾，净化你的灵魂；拾起一屑碎纸，升华你的人格。

同学们，在这三年当中，校园就是你们温暖的家园，也是你们成长的乐园。你们将与母校一起面对教育改革的再启动、再出发，一起在更多元、更深刻、更精彩的时代大潮中前进！

同学们，十几岁的你们脚踏大地、头顶蓝天，十几岁的你们仰望明月、追赶太阳。拿出青春所有的激情和勇气为命运而搏，为前途而战！

你们是搏击长空的雄鹰，只要付出努力就会锁定成功！

（二）种下理想树

青年的理想信念关乎国家未来。青年理想远大、信念坚定，是一个国家、一个民族无坚不摧的前进动力。各阶段学生的成长成才都离不开理想的引领与支撑，加强理想教育既是学校教书育人工作的重要目的，也是其整体工作的重要内容。《辞海》将理想定义为"对未来事物的想象或希望"，它以实践为基础，具有可行性的目标，通过不懈努力才能实现。理想的落地与执行需要遵循教育的规律，将其有目的、有组织、有计划地传导给学生。理想教育是一个过程，这个过程始于学校教育理念和思想观点的集中表达和体现，贯穿于教书育人的整体活动，使其成为全体成员现实抱有的深刻信任感和集体荣誉感，成为他们的共同思想基础和行为依据。

理想具有超前性和促进性，每个学生都应当和自己作一个约定，这个约定就是梦想，心怀远大梦想，才能有源源不断的前行动力，走出精彩美好的人生。当前各阶段的理想教育存在教学过程的实践探索不足，各学段缺乏良好、有序地衔接，以及学生认知和接受能力存在差异等问题。针对这些情况，学校应该基于学生的认知和接受能力，将理想教育的理念想法，融合进教学过程的具体做法。学校的理念应该是培养"志向高远"的人，学生在年纪尚小的时候，还不能走出经历和阅历带来的思维的局限，这时候就需要学校和家长的引导。

曾经一位偏远农村的想辍学的男同学，他不思进取，经常逃课，学习态度极不端正。老师问他"你将来打算干什么"，他说长大了当屠夫，因为他父亲就是干这一行的。正是因为他这样短浅的目标，才导致学习没有动力，缺乏上进心。当老师找到了这一症结后，经过开导教育并帮助他树立了近期目标和远期目标，他在接下来的几年里学习劲头大增，成绩也直线上升。

学校要重视对学生的理想教育，带着这种责任与思考，带领学生拓展眼光、提高认知、打开格局，帮助学生跳出以自我为中心的思维模式，上升到利他人、爱他人及为社会担当责任的高度。开学第一个月是进行学生精神建设的黄金时段，利用这个时间引导学生制定短期目标和长期目标对于未来的学习和生活都具有重要意义。长期目标与人生的理想遥相呼应，短期目标则与当下学习任务紧密相连，这两个目标的有机结合共同构建学生的理想教育。

"理想树"就是学生的长期目标——开学后的一个月之内，每个学生在老师帮助下，和家长共同制定未来的梦想，将来的理想是什么，把它写下来，在教室的后墙上有一棵树，这就是"理想树"。每个学生是一个树枝，上面有学生的名字、理想，每人在理想树下照相合影，这是给自己的一个约定，给未来的一个承诺。校园内墙壁和宣传栏到处是中外名校、优秀学子的简介，这是校园文化的一部分。每个教室都有一棵"理想树"，这是班级文化中的一部分。将心中的理想写出来，落到纸上，再挂到墙上，每天都能看得到，这棵树上埋下的理想的种子会带给他学习生活中不竭动力，激励他向着既定的目标奋进，将梦想具象化，这就是理想树的价值和功能。

同时，与长期目标配合，短期目标还有挑战书，即每个学生根据自己眼前的学习情况树立的一个具体目标，这是一个具体数据，具体到下次考试进步多少名，要进入年级、班级什么名次。

（三）国旗下演讲

升旗仪式是全国中小学校共有的一项教育活动，升旗即升国旗，明确其指向性，强调国家在场；而仪式则体现了升旗的仪式性特征，即正式性、集体性、公开性、程序性与象征性[①]。升旗仪式像一条纽带，这个过程把学校与国家相连，也与每个学生相连。以升旗仪式为媒介，在这个特定的场合下，让学生融入学校的文化，参与学校事务，这是一个让学生表达心声的正确渠道，也是培养学生自主管理能力的有效途径。

国旗下演讲，是在每周一上午全校师生进行隆重的升旗仪式之后，在国旗下发表的讲话。演讲人以学生为主，有教师，有家长，也有其他社会人士。主题是共性的，以共性问题为导向，以校园典型事例、重大节日、国内外大事或新闻为契机，展开演讲，国旗下演讲的内容《国旗下讲话》经编辑印入校刊，这也是学校德育工作的印迹和亮点。

国旗下演讲的具体工作由政教处负责，政教处是推进学校学生德育目标的职能机构，需要做好学生心理工作，那么它就要研究学生心理的发展规律，把握学生的成长规律，引领学生成长。每周国旗下演讲的主题是在每学年开学之前确定的，由政教处提出议题，围绕学校教育理念，经校委会、领导班子例会讨论、修改、补充后，由团委、少先大队、学生会等多个部门共同参与、一起研讨后确定，编排在学校的大事安排表中，这是学校教书育人的整体策划，也是大德育的顶层设计。

不同学段成长规律不同，同一学段不同年级的心理历程也不尽相同。要想把握好国旗下演讲内容的质量，就要把握好不同学

---

① 赵雅卓.学校仪式中的学生社会化研究[D].桂林：广西师范大学，2018.

段不同年级学生的成长心态和教育梯度。例如，初一是刚进入初中阶段的第一年，这时候学生对于初中校园生活的感觉还是新鲜的，如何培养他们的生活习惯、安全习惯、学习习惯，爱国、爱家、爱校园的意识，以及如何与同学相处，如何与老师、家长相处，都是初一学生的功课。初二这个阶段，学生对校园环境熟悉了，生活和学习习惯也逐渐形成，那么，好的习惯如何坚持，未来学习如何规划？初二同时也正是青春期逆反心理最容易出现的时候，是少年向成熟青年过渡的关键时期，通常被教育界称为"危险期"，如何爬上初二这个"坡"，尤其需要学校、教师和家长的正确引导。初三是个"峰"，是学习生涯的转折点，在中考的准备阶段，学生的压力较大，如果说初一初二是青春期问题的酝酿期，初三则是集中爆发期。在这个时期，如何疏导他们的压力，避免他们的心理动荡，激发他们学习的原动力，做好人生规划、未来规划，衔接高中，是这个学年的首要任务。因此，充分发挥"国旗下演讲"的立德育人功能，演讲的内容就要从学生那里发出不同角度、不同强度的声音。

案例 2

在平实验中学国旗下演讲安排表（2018—2019 学年第二学期）

月份	日期	周次	参考演讲主题	执勤班级	演讲者	主持人	升旗手
3 月	4 日	3	学雷锋精神，做新时代好少年（3·5学雷锋日）	初一（3）班			
	11 日	4	播种绿色，拥抱希望（3·12植树节）	初一（13）班			
	18 日	5	保护水资源，从我们做起（3·22世界水日）	初二（1）班			

续表

月份	日期	周次	参考演讲主题	执勤班级	演讲者	主持人	升旗手
3月	25日	6	校园安全伴我行（3·28全国中小学生安全教育日）	初二（20）班			
4月	1日	7	缅怀革命先烈，继承光荣传统（4·5清明节）	初一（8）班			
	8日	8	和谐相处，团结友爱（团结教育）	初二（12）班			
	15日	9	做勇敢的追梦人（理想教育）	初二（2）班			
	22日	10	争当环保小卫士（4·22地球日）（科普知识）	初一（9）班			
	29日	11	敢当民族重任，争做时代好少年（5·4青年节）	初一（5）班			
5月	6日	12	学会感恩，与爱同行（5·13母亲节）	初一（17）班			
	13日	13	防灾减灾，从我做起（5·12全国防灾减灾日）	初二（13）班			
	20日	14	正视挫折，走向成功（挫折教育、励志教育）	初一（11）班			
	27日	15	了不起的中国人（爱国教育）	初一（6）班			
6月	3日	16	节约能源、践行绿色生活（6·5世界环境日）	初一（7）班			
	10日	17	拥抱明天，感恩母校（感恩教育）	初三（15）班			
	17日	18	珍爱生命，预防溺水（安全教育）	初二（17）班			
	24日	19	让青春无怨无悔（励志教育）	初一（9）班			
7月	1日	20	夏季安全（安全教育）	初一（16）班			

（四）从课前 10 分钟演讲到主题班会

课前 10 分钟演讲是利用每天上午和下午第一节课上课前的 10 分钟，全班同学轮流演讲，以学生为主，有时也会有家长演讲。演讲的内容可以是自己的学习方法分享、见解体会、特长展示等，给同学们提供一个展示自我的舞台，锻炼表达能力，培养胆量和自信心，丰富知识，拓宽眼界，进行自我教育，提高学生的自我管理能力。同时，也增加了教师对学生的了解，增强了认识。

结合新课程标准提倡的课堂教学"三维目标"——知识与技能、过程与方法、情感态度与价值观，同学们通过课前 10 分钟演讲，既展示了存储知识和具备技能的"存量"，又增加了在跟其他同学学习过程中提高自身解决问题方法的"增量"。这还是一个展示、交流情感和学习态度，分享价值观的直接途径。曾经有一位高考考上山东大学的学生，他的成绩曾经是全班倒数第一，有一次课前 10 分钟演讲轮到这位同学了，他说："我的成绩是咱班倒数第一，你们都比我优秀，连我都没有放弃，你们有什么理由不好好学习？"全班顿时被他的乐观积极带动起来、学习热情被点燃。

主题班会是固定在每周五下午第四节课，由学生自发组织、自己主持，围绕一定主题举行的全体班级成员会议。主题班会采取以学生为主、任课教师全员参与、家长部分参与、形式自由的原则。全班学生分成若干组，每组两人担任一期的主持人，全程负责，来承办一期主题班会，每学期所有同学都轮流主持一遍。主持人可以利用周末的时间提前准备，多方查阅资料，向家长、老师等询问、请教，协商后写出组织班会的实施方案。主题班会形式不限，可以是演讲、诗歌、朗诵、舞蹈、歌曲、相声、小品等，通过学生的参与，有所感悟和体会，从而内化成自己的认识和人生观点。主题班会挖掘了大家的兴趣和特长，兴趣是最好的老师，学生自己主持，让同学们积极参与进来，学生成为班级的主人、学习的主体、管理的主力，发挥了学生的主体性，增强了主人翁意识，培养了自我管理的能力，学校也充分发挥了主题班会的育人功能。

主题班会的关键是主题，主题即德育教育的主题。主题班会的主题采取常规主题和随机主题相结合的方式，常规主题是每周一个主题，随机主题是遇重大节日和重大事情时的热点主题，两个主题互为补充，由政教处联合团委、少先大队共同制定。为什么时间定在周五下午？因为通常学校周五上午一、二节召开领导班子例会，班子例会上整体安排常规事宜及下周的工作学习计划，顺接上午例会，下午召开班会便于以上内容的传达，班主任可以将班里工作与上周内容衔接，前后呼应。同时，周五放学前将信息传达到学生，便于放学后学生回家及时将信息传递给家长，进而方便跟家长进行信息传达、事务安排等。周五主题班会还有一个功能就是呼应本周周一国旗下演讲的内容，可以将周一国旗下演讲的议题和问题落实到周五主题班会，结合身边具体的情况，继续展开设计班里的主题班会。

主题班会召开期间，政教处人员会到各班级巡课，及时观察、体验和了解情况，会后翻阅各班班会档案，对有特色、有亮点的班会及时推广，进行主题班会优质课的评选，定期推出主题班会公开课，实现班级互补，达到共同提高的目的。

（五）开展德育工程

根据依法治校、以德立校、文化强校的办学方针，学校设立了德育室，进行全校师生的思想教育工作，它隶属于政教处。德育室根据学校的校训、校风、教风、学风出台了《茌平实验中学德育工作制度》，根据这个制度出台了一系列工作措施。学校校训为"明德、守正、志学、励行"；校风为"团结、和谐、求真、务实"；教风为"以人为本、因材施教、教学相长、终身学习"；学风为"尊重、善学、专注、严谨"。

为进行德育工程建设，德育室为初中三个年级分别制定了不同的德育目标。初一年级德育目标是：爱国主义教育，集体主义观念的形成，法治观念、行为规范教育，健康的体魄、健全的人格，理想主义教育，懂得感恩、力行孝道，自尊、自爱、自立、自强等。初二年级德育目标是：诚信正直品格的培养，正确的人生观、价值观、世界观的形成，良好的行为习惯的培养，自学能力、自信心的培养，学会竞争与合作，学会坚韧和面对，青春期健康等。初三年级德育目标是：如何对国家、社会、他人承担责任，责任担当意识培养，励志教育，人生规划，培养大局意识等。

基于学校德育目标，德育室通过对国家、地方课程的延展和学校发展的需要，开发了德育校本课程，主要包括《茌平实验中学德育手册》《茌平实验中学学生自我行为规范100条》《茌平实验中学学生一日行三字歌》《德育天地》《德育新视窗》《校园礼仪》《守望花开》《金融知识读本》等。

德育室联合艺体处共同研制了传统节日课程，包括讲解传统节日来历、历史背景、社会意义等内容，将传统文化融汇于主题班会及各种活动中。推行学生自主、家长授课等多种形式过节，例如春节要求同学们采访身边优秀的亲戚、收集百副春联；清明节学校安排扫墓祭祖、踏青郊游；"五四"青年节学校举行成人仪式；重阳节学校组织同学们到敬老院慰问并给老人表演节目等。

德育室通过不同形式的德育教育工作，为同学们的成长排忧解难，促进学生实现自主管理。德育室与年级组联合开展的"我做主·我建议"活动，即让同学们给学校提意见提方案，让学生意识到他们是教育的主体，要参与到学校管理中来。在这个活动中，每个班有两位同学参与校长的座谈会，为学校管理提意见，分不同的年级进行召开。这两位同学，一位是本班学习成绩的第一名，起到"头雁"的作用，一位是班长，班长负责班级内具体事务。座谈会上每位同学都要发言，由德育室教师记录，假如你是校长，你认为学校存在哪些问题，有哪些建议？座谈会上同学们不仅提出了问题，提出了思路，同时也学习了别的班级管理经验和学习经验。交流后，校长安排作业，即每个班的这两名同学会后，作为代表在班里收集大家的意见上"提案"，一个班上一个"提案"，这个"提案"就是一个建议，好的建议学校采纳后会进行推广。这一活动，不仅锻炼了同学们的领导能力和自主管理能力，而且为学校的发展进步提供了新的思路。另外，每年3月份的"文明月"建设中，德育室开展名为"礼仪花开文明果"的系列演讲活动，为期一个月，班里每位同学都参加，同学们先从课前10分钟演讲，再到主题班会上演讲，班里推选参赛者到年级演讲，再推到全校的演讲活动，都引起热烈的反响。

"小事"见公德，德育工作的开展是和风细雨、润物无声的。德育室还设置了失物招领台，这个平台的存在使全校师生形成一个共识——把捡到的东西送过来，把丢失的东西领回去。同时，失物招领台上的时钟也提醒大家要做一个守时的人，提醒大家：珍惜易逝青春，守住美好公德。

案例 3

茌平实验中学德育工作制度

1. 建立健全校长负责的德育工作制度，成立由校长挂帅、学校各职能处室负责人参加的德育领导小组。

2. 把德育工作摆在学校工作的重要地位。整体规划学校德育体系，将德育建设纳入学校长远规划，把德育工作列入重要议事日程，做到每学期有计划、有布置、有实施、有检查、有评价，并健全德育例会制度。

3. 注重校园文化建设，有校纪、校规、校训、校风标志，在学校广播室、实验室、宣传栏，班报栏、学习栏、图书角等地，按规定张贴国旗图案和名人名言图像、中国地图、世界地图等。

4. 成立家长委员会，争取社会力量对德育工作的支持，搞好校外德育基地的建设，健全家长接待制度，建立家长学校。

5. 学校和各职能小组要有计划、措施和总结，并单列德育条款，填写、整理、保存各类德育档案资料。

6. 政教处负责确定和协调思想政治课教师、年级组的任务分工，组织协调各教研组、班主任、任课教师的德育工作，经常组织开展纪律、卫生、安全、礼仪等德育活动，积极采用现代电教手段开展德育工作，定期召开班主任工作会，组织班主任学习德育理论，总结交流班级工作经验，指导班主任使用德育联系手册和素质报告单。

7. 工会定期组织教师学习《中华人民共和国教育法》《中华人民共和国义务教育法》《中华人民共和国教师法》《中华人民共和国未成年人保护法》，贯彻执行教师职业道德相关规定，教育教师树立教书育人、服务育人、管理育人的思想，宣传相关法律法规，教育教师配合班主任进行家访，做好流失生返校的思想工作。

8. 教务处依据相关规定将晨会、夕会、班团活动、社会实践活动和校传统活动列入课表，并配齐教师。定期检查德育大纲，明确各课的德育要求，使各科教师注重德育渗透，不断研究、探索学科渗透德育的有效途径和方法，使学科德育目标落到实处，并把德育渗透作为教师业务考核的重要内容。

9. 教科处要结合本校实际，与政教处一道开展德育专题研究，做到有专题、有计划、有方案、有活动经费、有总结交流、有档案记载。

10.抓好体、卫、艺等活动课的德育渗透，将德育与美育结合起来，促进学生全面发展。

11.共青团要充分发挥学生的主动性和积极性，引导学生自我管理，自我教育，上好团课，组织社会实践，每学期开展一次团员评议活动，对不合格的团员要批评教育，对影响极坏的团员组织上要给予相应处分，团支部要负责征集学生通讯稿，负责学校广播室工作。

12.班主任要加强班级管理，有计划地开展德育活动，做好个别学生的教育工作，形成良好的班风，协调本班教师的教学工作，沟通学校与家庭、社会的教育联系，负责做好学生品德教育，每学期末组织学生进行自评、互评，班主任填写评定等级和评语，3日内发给学生，家长和辅导员签署评语后，交给班主任保管，5日内上交政教处抽查，每周组织一节主题班会课，负责与任课教师做好学困生工作，客观公正地填写素质报告单和学习管理簿。

13.建立健全德育考评制度，学校每学期开展德育工作自评，每学期对教师进行一次考评，政教处每月对班级进行一次考评，班主任每周组织学生进行自评、互评，并建立学生评估档案，将其作为表彰、奖励、处分的依据。

14.将教师和班主任德育工作考评结果与该教师奖金、津贴挂钩，并作为综合性评先评优、评职晋级的一票否决指标。

15.建立健全对学生品德操行进行量化考评制度，坚持实行学生自评、小组互评、教师综合考评、家长社会评价相结合的评价程序，对影响较大的违纪学生给予处分，对有转变的处分学生要限期取消处分。

16.建立健全文明班级、优秀学生干部、"三好学生"、各类积极分子评比表彰制度，每期在教师职工中开展一次"教书育人，服务育人，管理育人"的评比工作，树立德育名师。

（六）文化浸润

校园文化作为学校的"环境课程"，它的建设有助于健全学生人格、进行文化赋能，促进学生更好成长。

校园文化如何建设？为了达到全人教育的目标，精心打造学校育人理念，学校需要建设具有全人意蕴的校园文化，进行理想教育的楼道文化，营造展示个性和自由的班级文化，富有创意和取长补短的小组文化，以及积极鼓励学生、实施避短教育的课桌文化等，以文化浸润校园。校园文化设置包括：地图墙、流动电子屏、固定电子屏、路名文化、展板文化、宣传栏文化、走廊文化……让每一面墙都说话，使每个地方都育人，让全方位的"全人教育"文化潜移默化地影响全体师生。

地图墙 是教学楼上铺满墙面的两张巨型地图——中国地图和世界地图。地图上方印有一行字——胸怀祖国、放眼世界。这是每个学生上学、放学的必经之路，希望同学们心中怀着对祖国的热爱，有着深厚的爱国情感，同时也拥有广阔的视野，能够看到整个世界的发展和变化，对学生的爱国主义教育、理想教育起到了润物无声的作用。

流动电子屏 是在校园道路两边和操场四周安装的太阳能的流动式电子屏，上面是每次测验进步幅度较大的学生的照片及他们的学习格言，希望能给全校师生带来鼓励，起到榜样的力量。流动式电子屏的主题是：进步——成长比成功更重要。

固定电子屏 是每个教学楼墙壁上的固定电子屏，由宣传科负责，按时播出、滚动播放、每天更新，实现了全校师生俯仰之间思想上的交流与碰撞。有的固定电子屏用来展示老师和学生的寄语，多为工作感悟和发奋学习的警句。有的固定电子屏用来播报当天的重要新闻、学校大事以及学科组的固定节目等。例如，政治组的《今日要闻》，历史组的《历史上的今天》，语文组的《每日一诗》，同时设有表扬台和曝光台及《一日一提醒》栏目。在课余时间做到国事、家事、天下事，事事关心，师生每天都能在无意之间进行学习和提高。各学科组在学年之初，就研讨出整年度的播出计划，学科组每周研讨后决定下周每天播出的具体内容，然后报给宣传科。

路名文化 学校每一条路都有路名，并设有路标和路牌。"弘远路"，出自《论语·秦伯》"士不可以不弘毅，任重而道远"，寓意抱负远大，襟怀宽广，意志坚韧，可以负重行远。"郁文路"，出自《论语·八佾》"周鉴于二代，郁郁乎文哉，吾从周"，寓意文明昌盛悠远，教育科研蒸蒸日上，兼指芸芸学子会聚于此。"景行路"，出自《诗经·小雅》"高山仰止，景行行止"，寓意激励学子行为光明正大。"至善路"，出自《礼记·大学》"大学之道，在明明德，在亲民，在止于至善"，寓意要有永不止息，创新超越的进取状态和对完美境界孜孜不倦的追求精神。"北辰路"，出自《论语·为政》"为政以德，譬如北辰，居其所而众星拱之"，寓意以德为先，注重品行教育。

展板文化 校园内每条路上都立有展板，上面是安全常识、文明礼仪、行为规范等内容，让学生目之所及，行走之间，有所收获和启发。

宣传栏文化 校园内景行路和郁文路一侧设有宣传栏，一个宣传栏内可以放多个页面，在太阳能板的驱动下交替显示，宣传栏内的内容由宣传科与年级组联合共同负责，有优秀学生、进步学生的学习方法，还有世界名人、名校的简介，让学生以身边的同学、名人、伟人为榜样，见贤思齐，提升自己。

走廊文化 教学楼内的走廊黑板是学校分配给每个班级的

"小花园"，班级再分给学生一人一块"自留地"，学生负责管理好自己的那一块"地"。板报的内容有时学校统一要求，有时班级自己制定，学生也可在此展示优秀文章、优美随笔、书法和绘画。管理这块"花园"的目的就是展现自己，展示集体。

（七）社团自治

社团自治是学生自主管理的重要部分，为落实培养学生自我管理和优势发展的教育理念，紧密围绕学校中心工作，在团委的指导下，积极配合学校工作，开展内容健康向上、形式丰富多样、营造良好校园文化氛围并富有成效的活动。学校出台了《茌平实验中学学生社团组织管理制度》，在其指导下采取一系列社团自制的措施。

社团申请程序，即凡有意指导社团的教师，需递交一份申请材料，材料内容包括社团名称、性质、主题、活动目标、发起人、社团初步规划或至少一次详细的活动策划。学生根据自身兴趣爱好和优势选择社团，进行报名，由团委协调各社团人数。

社团综合评估办法为：社团考核时间为每学期一次；积极参加学校的各项活动与节日，组织工作到位、出色，成绩突出；社团内部管理严密，工作有计划，目标明确；社团活动正常开展，有健全的会员培训制度；社团工作富有特色，有创新意识；活动前有汇报、活动中有落实、活动后有总结；社团成员之间和睦相处、团结，凝聚力强，社团成员成绩突出；社团遵守学校各项规定和社团章程有关规定；社团校内外影响积极，在校内外赛事中取得好成绩，能产生良好的社会效果；凡具有创新精神，积极为团委出谋献策，并被采纳的，均在评估时奖励加分。

特长社团 优势发展靠教师，充分利用学校师资开辟特长社团，尤其是音体美信教师和其他有特长的教师和学生形成的组合，也可以有部分家长和少数外聘社会人员参加，形成特长社团，既为同学们升学考试打下了理论和实践基础，也为他们的快乐人生培养了爱好和特长，全人教育的理念得到了有效落实。

案例 4

茌平实验中学足球社团管理制度（节选）

一、组织实施制度

1. 足球校园建设由学校统一纳入学校发展规划，出台专门的校园足球建设中长期规划，然后由学校统一组织实施。

2. 建立健全校园足球建设工作领导小组，校长亲自担任组长，定期召开领导小组会议，促使该项工作持续健康发展。

3. 配齐配足校园足球教师，将足球教师纳入培训计划，及时送培，严把足球教师教练的质量关。

4. 将足球校园建设所需经费足额纳入年初预算，并执行到位。

二、招生制度

1. 校园足球队员，首先满足我校在籍学生，特别优秀的外校队员，经领导小组批准方可招收。

2. 身体健康的学生均可参加校园足球活动。讲文明、懂礼仪，学习成绩优异，能吃苦耐劳，喜欢足球运动的学生，均有望成为足球代表队队员。

3. 严禁学校和足球教师及班主任以学生需参加足球训练为名乱收费。

4. 各班和各足球教师要及时为招收的队员注册，并做好相应的管理服务工作。

....

四、课余训练和竞赛制度

1. 足球教师和教练，须保证每周每个工作日在放学后对学校足球代表队训练至少 1 小时。寒暑假有计划地开展训练。做到平时训练和集训相结合。

2.所有训练在训练学生技能的同时，必须加强学生的文明礼仪教育和团队意识教育及友谊第一、比赛第二的意识教育。

3.训练必须有计划，有针对性。做到有考勤、有训练记录。

4.积极引导学生参加校级及校级以上比赛和联谊活动。

5.对参赛获得好成绩的优秀队员实施奖励措施，参赛不认真的队员需进行反思。

五、运动安全防范制度

1.足球教师组织足球运动时，必须有高度的安全防范意识。做到计划中有安全准备，课前开始的2分钟检查场地、器械的安全，对学生进行安全教育。

2.上课中，对运动员必须做好安全保护、合理安排运动量，做到前有准备活动，课后有放松活动。

3.无论是班级、年级比赛、学校校级足球运动会，还是上级比赛，凡是足球运动都必须制定科学适用的安全预案，认真组织实施。一旦发生安全事故，将严肃追责。

…………

七、检查督导制度

1.除了政教处和教务处对足球教师定期检查督导外，每月校长对其检查督导至少一次；分管副校长每月至少检查督导两次，及时发现问题，并提出整改意见。

2.因学校将校园足球建设纳入区教委对我校办学水平督导考核的自选项目之一，所以，足球教师、体育组和学校平时要注重过程性资料的收集，随时接受上级各部门的督导检查。

在这一制度的指导下，学校成立了足球社团，一大批热爱足球的学生加入进来并积极训练，2017年茌平实验中学被评为国家级足球学校。

学生自主管理委员会　针对"教育就是培养习惯"的理念，

为提高学生的自主管理能力，在学校和学生之间架起桥梁连上沟通的纽带，学校成立了学生自主管理委员会，学生会组织成员为校长助理，负责了解学校的精神，督促和检查学生的日常行为，及时发现问题，积极配合学校的各项工作，为学校的发展提出建议，促进实现学生自管自立、自我教育。学生自主管理委员会还自编了《茌平实验中学学生一日行三字歌》。

案例 5

学生一日行"三字歌"

（一）入校

进校园，勿骑车

穿校服，讲整洁

见师长，问声好

同学间，看风格

互尊重，讲团结

（二）预备及上课

预备铃，各就位

唱支歌，提精神

排杂念，平静心

学习具，有准备

铃声响，老师到

喊起立，道声好

上新课，先预习

认真听，做笔记

抓重点，勤思考

善于问，多参与

（三）下课

下了课，稍放松
不打闹，讲文明
教室内，要安静
到室外，去活动
废弃物，别乱扔
见垃圾，放桶中
卫生区，扫干净
课间操，认真做
舒筋骨，听口令
常锻炼，身板硬
为祖国，好立功

（四）放学

出校门，靠右行
不飞车，莫要横
遇红灯，停一停
守规则，惜生命
讲文明，讲道德
做学生，学雷锋
无脏话，衣干净
遇坏人，会智斗
言行端，思想正
为实中，树新风

（五）食宿

食堂里，有规矩
勿喧哗，食不语
爱公物，惜粮米

讲卫生，防病疾

按时睡，按时起

室清洁，物整齐

床铺平，被叠齐

勤洗澡，勤换衣

（六）防护

晨午检，零报告

开窗门，常通风

有垃圾，分类清

日消毒，讲卫生

勤洗手，七步法

按要求，戴口罩

若发热，应隔离

早治疗，快就医

平安社　是由脾气暴躁易怒的学生成立的自治社团，有效地预防了校园霸凌和暴力事件的萌芽与发生。校园霸凌和暴力事件如得不到有效预防和控制，不仅会对学生的身心健康产生极大的危害，对校风、学风也会产生负面影响。因此，预防霸凌行为、实施遏制暴力行为的具体策略是学校教育工作中的重要一环。

承认成长中的差异，尊重差异中的成长，学生在教师的指导下自愿组成了平安社，自设社团章程，改掉了遇事不能冷静思考、行为举止冲动的毛病，学习用和平的方式解决纠纷，增强了解决问题的能力，同学们建立起互帮互助、团结友爱的伙伴关系，平安社的存在使全校师生认识到学生自主自治的能量和作用。

（八）从小组合作到班级共治

学校由班级构成，班级由小组构成，小组是学生互相帮助、互相学习的个体细胞，班级是学生学习、生活的基本单位，强化小组建设可以强化班级建设。贯彻合作学习理念，鼓励合作学习，促进学生之间的相互交流、共同发展，促进师生教学相长。小组合作可以促进同伴之间社交技能的形成，激发学习动机，通过创设科学、合理的学习环境和学习活动来优化自身的认知过程，积累活动经验。小组合作的过程也是学生自主管理的过程，通过主动发现问题、提出问题、相互质疑、优化问题、解决问题等一系列过程，逐渐提高学生的问题意识、思辨思维和沟通表达能力。

小组合作过程中往往容易出现小组构建不合理、组员分工不明确、小组合作评价模式单一等问题，导致小组合作的成效不显著。因此，为了提高学生学习的效果，提高教学效率，促进学生社会技能的提高和合作中相关能力的培养，小组的构成采取均衡分组、以强带弱、强强联合、培优辅差的原则。

"兵教兵"排位 根据"组内异质，组间同质"的原则，依据成绩均衡分组，把全班同学分成若干小组，每个小组有四人，同一小组内有优等生中等生和学困生。这样分组的目的是使学习过程低重心运行，让优等生帮促学困生，中等生可以互相交流、讨论，在遇到解决不了的问题时，向优等生请教，也给优等生留出更多的时间辅导学困生，以便于"兵教兵"。每个小组班级内评价考核，促进将学困生转化为中等生。

"兵教兵"排位的好处：一是密切学生之间的感情，几人为一小组，组内"兵教兵"，互学互助，朝夕相处，有利于团结，可化解学生之间的矛盾，从而形成团结向上的集体。二是学习效果好，小组内长短不一，互相带动本身就是学习，甚至比官教兵的效果更好，也符合"怎么学就怎么教"的原则。三是可以给教师减负，组长进行作业、背诵检查等，让教师腾出更多的时间和精力去更好地关注学生，以便人尽其才。四是可以让学生突破思维的障碍点，充分交流启发，发挥男生和女生各自思维的优势，结合逻辑思维和形象思维的长处，发挥学生的主体作用。

优中优排位 将每个小组里的优等生放在一起，成绩优秀的学生相互促进、相互帮助，以"优＋优"组合模式强强联合，形成比、学、赶、帮、超的积极竞争的学习气氛，他们的组合利于优等生更加优秀。无论是课堂练习、家庭作业还是周末作业，学生的学习情况不尽相同，肯定有"吃不了"的，也有"吃不饱"的，教师要根据不同学习情况分层次设计练习题，给优等生做一些综合性、难度大、有挑战性的习题，可以用递纸条的形式个性化定制"培尖自助餐"，促进培优培尖。

组合排位 根据不同学科教师上课要求，学生可以围在一圈互相讨论，也可以对桌提问学习，将优等生聚在中间，可以随时自由讨论，互帮互教。学生之间遇到问题互相讨论，有利于实现带动提高，教师课堂上注重分层，课下注重特色作业，做好评价方案和课堂调控，组合排位既能培优又能辅差，既能重点教育又能全面提高。

小组自留地 教室里墙上的每一块地方都是属于小组的学习黑板，学生可以在上面写下自己的读后感，或进行名文摘抄，这里是展示自我的舞台，学生可以真正参与到教学活动中去，从"要我学"转变为"我要学"，成为学习的主人，分享之余也互相增加了阅读量，激发了自主学习的积极性和上进心，无形间大家成为学习共同体和成长共同体。

班级是学生学习、生活的重要环境，班集体对学生成长具有重要意义，对学生的认知、情感、意志和行为有着长久广泛深刻的影响。一个好的班集体是学生健康成长的摇篮，班级作为一个集体，具有重要的育人价值，班级文化建设是提高学生综合素质的保障。班级管理可以认为是按照学校要求和原则，通过一定管理方式，有计划有效率地推进教育的行为。自主管理是学习者自我管理的一种方式，即在教师的引导下理性的分析和解决问题。班级自主管理实际上就是围绕学生展开，根据学生的身心发展规律，学生自主参与、自身感悟，提升其自主管理意识与能力，从而提升班级管理的质量与学生的综合素质。它既不等同于全部放手管理，也不是部分人的自主管理，更不止是纪律、卫生的自主管理，它包含学生的自主决策、自主选择、自主发现问题和自主解决问题。

班级自治过程中容易出现学生积极性不高、参与机会偏少、自主管理能力差距较大等问题，因此实现班级自治，需要学校重视并建立健全班级管理制度，需要班主任和任课教师切实参与，从而锻炼学生的自主管理能力。如何帮助学生参与到班级自主管理中，如何切实提升学生的自主管理能力？小组合作是班级自治的具体化，从小组合作到班级自治，是以学生为核心，让全体学生都参与进来，发挥自己的能量，为班级建设贡献自己的力量，激发学生的主观能动性，进而帮助学生走向全面发展的道路。小组合作中坚持活动自管，既要建立秩序，又要考虑差异。一方面，开展丰富多彩的活动，以丰富学生的校园文化生活；另一方面，充分发挥学生的个性特点，张扬个性。

班级自治首先是班委自治，班委自治实行岗位职责承包制，即在班主任的指导下学生进行班委自治建设，班委选拔采用自荐和推荐相结合的方式，可以发挥、调动同学们的积极性，让每个人都有岗位。以值日为例，值日小组由组员自由结合，组员轮流做值日组长，值日小组长任期一周；值日班长由全班同学民主选举产生，当场公布选举结果，得票前三名都是轮值班长，各值日一周，轮流值日。轮值班长结合《中学生日常行为规范》研究制定组长、轮值班长的职责，张贴在教室内，供同学们监督。轮值班长三人推举各科课代表，轮值班长每学期选举一次。

（九）从少先队到共青团

中国少年先锋队（简称少先队）是中国少年儿童的群团组织，是少年儿童学习中国特色社会主义和共产主义的学校，是建设社会主义和共产主义的预备队，受中国共产主义青年团（简称共青团）直接领导，队员年龄为 6 周岁到 14 周岁。共青团是中国共产党领导的先进青年的群团组织，是广大青年在实践中学习中国特色社会主义和共产主义的学校，是中国共产党的助手和后备军，团员年龄在 14 周岁以上，28 周岁以下。

目前，我国初中阶段学生的年纪在 13 岁到 15 岁，大多初一、初二的学生是少先队队员，初三为共青团团员，初中是衔接少先队和共青团的一个特殊阶段，是这个团队工作的过渡期和关键期。广大队员、团员在中学阶段接受热爱党、热爱祖国、热爱社会主义的教育，成为社会主义事业的合格接班人，主要依靠少先队和共青团的引领和指导。少先队和共青团是中国共产党的预备队和后备军，是德育工作的主要阵地，学校抓好团队建设是抓好思想建设的根本，那么，加强少先队与共青团的建设是为加强党的建设强根固本。

学校制定了《茌平实验中学推优入团制度》《茌平实验中学团员发展管理制度》和《茌平实验中学少先队干部管理制度》。初一和初二年级每班都有少先队，年级成立少先中队，学校设立少先大队。少先队成员自发研究组织纪律、活动计划、评价标准等规定和制度，进行自主考核，学生的自律意识、服务意识、综合素质全面提高。少先大队聘任学校的少先大队辅导员，选出中队长及中队委员。同时，设立少先队代表大会（简称少代会）民主信箱，鼓励队员对社会、学校、家庭、辅导员和少先队组织本身提出意见和建议；建立"主题班队会"制度，各中队结合实际积极开展主题班队会，每月开展一次正规的主题队会课。学校定期召开少先队代表大会，开展少先队小干部的梯队建设工作。

（十）从"三味书屋"到"百草园"

"三味书屋"是指学生在校内读书学习的地方，指学生的课内提升。"百草园"是指知识的课外迁移，将教育的空间拓展到课堂之外，课外又包括学校内的活动和学校外的活动。从"三味书屋"到"百草园"，是让学生从教室走向大自然，从学校小课堂走向社会大课堂。

丰富多彩的校园文化活动既是全人教育的重要组成部分，也是重要载体。学校每年都会举办各种文体活动，如开学典礼、初一军训、拔河比赛、演讲比赛、诗文诵读、元旦联欢会、师生春季田径运动会、初三毕业典礼等，通过这些校园活动，鼓励学生在活动组织策划、宣传实施、评价反馈过程中自我组织、自我管理、团结合作，增强学生的集体荣誉感、责任感和成就感，实现了活动培育"全人"的目的。

走出校园，走进社会大课堂，是全人教育的必然要求。学校汇集社会各界教育力量，开发了多种多样的场馆课程，丰富学生的社会实践，如每年3月组织植树节种树活动，每年4月组织烈士陵园扫墓活动，每年7月组织参观党史纪念馆爱国教育活动，每年9月组织重阳节敬老爱老活动，周末组织围环城湖拾垃圾研学活动，以及带领学生参观科技馆、文化馆、博物馆及现代化企业等活动，包括了思想教育、文艺体育、科技创新、志愿服务、民族团结等各类活动，同学们经历了"感性认同（认知）→理性认同（理解）→价值认同（感悟）→行为认同（践行）"的这一思想认同动态过程，实现了多维度、多层次、全方位的全人教育校园文化活动育人格局。

（十一）以生促教

以生促教，就是以学生督促教师、促进教学。所谓教学相长，即教与学的相辅相成，教师在教育学生的过程中，也会受到学生的启发，自身也会得以提高。传统的教育容易产生对学生的"包办"，忽视学生的主体地位，使学生在学校教育中往往处于被动地位，被动地接受知识，被动地服从教师管理工作。以生促教模式，让学生参与学校的教育教学管理，参与课堂教学、参与教师优秀评选，培养与引导学生在自主管理的基础上，落实到教师和教学的具体事务，既监督规范了老师的教学行为，和谐了师生关系，为师生共同成长拓宽了路径，又做到全员主动参与自主管理工作，培养了学生的组织管理能力。

生评师 学校每学期开展"我最佩服的老师""我最喜欢的老师"评选活动，在全校范围内各选出 10 名教师，然后在开学典礼的全体师生大会上进行表彰，由他们的学生和学生家长给老师佩戴大红花。这一举措既提高了教师工作的积极性、激发了工作热情和创新活力，增强了家长和社会的信心和支持，又让学生参与对教师的管理和督促工作中，增强了学生对管理的理解和认识。

记事本 为促进教师充分利用现代化信息技术进行教学，每个班都有一个记事本，由学生负责记录每堂课教师使用多媒体的数量和质量。记事本定期放到学校信箱，电教中心负责统一收集汇总，这项内容列入对任课教师的考核，同时也列入对班主任工作的考核。

候课提醒 在每个教室门口外面墙上都有一个候课提醒的牌子，上面的内容包括：课程安排，上课时间，还有一个图片——一名男生和一名女生在敬礼，旁边是一句话："老师，您今日候课了吗？"即建议任课教师在下节课的铃响之前，提前 5 分钟到达教室等候上课，目的是让老师提前调整好状态，也能够让学生提前稳定下来，以便提高课堂教学效率和教学质量，这也是楼道文化的一项。

绿植提醒　每个教室的窗台上都放着绿植，这是学生自己带来的，有的是一根麦苗，有的是几根豆芽……这是学生给教师的心灵按摩，如果教师有了着急、焦虑的情绪，看到绿植的时候，这会提醒他们想到植物生长都是缓慢的、逐渐加速的，学生的成长也是这样，对学生更要有信心、有耐心，从而维护师生之间的感情交流，促进和谐师生关系。

（十二）男生养志气，女生养气质

从幼儿时期的性别意识启蒙，青春期的身体心理变化，学生在成长过程中，会出现很多有关于性别的困惑和迷茫。中小学阶段是学生生理发育、性别意识形成、性别模式建立的关键时期，加强性别教育是帮助指导未成年人形成正确的性别意识、性别角色、性别行为的科学方法，学校需要加强性别教育，解决学生的性别问题和疑虑，向学生传递科学、客观的性别知识。

现实生活中，或学生不好意思问，或没有途径问，或教师忽略，或羞于指导，导致学生许多困惑和烦恼得不到及时解答和疏导，学校有关性别教育的内容大多局限于生理课堂上的知识，容易出现规范缺失、内容单一等不足。学生的健康发展和性格养成要经历一个漫长的过程，需要学校倡导性别教育机制的建设和全人理念，需要教师提升性别知识、技能、态度等相关能力，为学生健康成长保驾护航。

"男生养志气，女生养气质"是学校给男生和女生制定的不同培养目标。君子之道，不分男女，无论男生还是女生，都拥有自尊、自爱、自立、自强的品质，树立为自己的理想去奋斗、努力、拼搏的精神，这是我们学校教育工作中的道。

男生养志气　大丈夫当如万松老人所说，虎瘦雄心在，人贫志气存；如南宋刘过所言，沧海可填山可移，男儿志气当如斯。应如《水浒传》所讲，胸脯横阔，有万夫难敌之威风。话语轩昂，吐千丈凌云之志气，这些都是男人的志气、豪气和底气。志是男人的方向，气是男人的动力，从男孩成长为男子汉，有责任有担当，有方向有动力，理想就不愁实现。

学校每年都会组织由男教师组成的教师团队给男学生进行"我是一个男子汉"的讲座，希望培养男生积极、主动、热情、大方、阳光、豁达的品质，拥有一颗仁爱之心，做一个关爱他人、照亮自己的人。

女生养气质 女生的培养目标则是贤淑文静，知性优雅，智慧聪敏，自立自强，希望她们开阔眼界、增加阅历和胆识，独立有主见。

学校给女生定期组织包括专家讲座、教师讲座等活动。例如节假日时，学校邀请省市等电视台主持人给女教师和女学生进行礼仪培训。在平时，女教师定期为女生举办青春期生理与心理健康知识讲座，她们梳理了教育教学管理中女生存在的问题，经过多方征求意见并商讨、拟定专题，进行专题分工，组成团队，给女学生讲座。有的女教师已为人母，以母亲的身份给全体女学生写了一封信；有的女教师给女生讲解青春期生理卫生知识，并针对青春期的感情问题给予引导和建议。参加讲座的都是女性，包括女学生、女教师和部分女学生的女家长，总之，没有一位男士。在这个女生说悄悄话的氛围中，女教师站在女学生的角度，疏导她们成长中的烦恼，让她们能感受到被关爱、被引领，鼓舞了士气，激起了她们努力学习的斗志。每年开学第二个月，校长会给初一全体女生举办"我和女孩说说悄悄话"的专题讲座。

案例6

我们怎样做女孩？

——校长和女生说说悄悄话

同学们：

下午好！

今天我们的话题是"怎样做女孩"。这个问题的答案，或许你们的妈妈告诉过你们，她们给你们讲过吗？如果没有，今天我以一个妈妈的身份，和你们聊一聊。

你们像一棵小苗，还没有长成一棵参天大树，还是那么稚嫩，还没有经历风雨。这就是你们，就是成长中的女孩。

世界上最伟大的爱，就是母爱。作为一个教师、校长、母亲，今天我不把你们当成小孩，我们平等地说说心里话。

今天坐在这里那么多女孩，你们来自不同的成长环境，无论你生活在什么样的环境中，要记得，环境只是你成长的一种外力。或许在你眼中，自己的父母很幸福。他们的幸福是你前行的力量，你自己的幸福是靠自己的奋斗努力得来的。或许，你的家庭不那么完美，但是，孩子你要知道，爸爸妈妈和你自己都是独立的个体，你更要去追求自己的幸福，这就是坚强。所以，当你鉴别了父亲、母亲，鉴别了家庭，你要给自己做一个定位。如果你的家庭圆满幸福，你就把你的爸爸妈妈当作自己的老师；如果你的家庭充满风霜雪雨，那就把你的老师当作自己的妈妈吧。主动向老师敞开心扉，把她当作你的人生导师，那么你将会拥有更精彩的人生。

如果你成长在阳光下，那么你可以撒娇，可以做一个孩子。如果你成长在风雨里，那么就去做一个大人。曾经有个男同学，父亲去世，母亲改嫁后生活很艰苦。他的成绩有段时间下降很严重，原因是不喜欢继父，想要报复他。我告诉这位同学："如果说全校的男生都是男孩的话，那你就是一个男人。用放弃学习报复继父，毁的是你自己。"我们做了一个约定，努力学习，下次进步100个名次。后来，这位同学一直在进步，最后考上了一中。

同学们，这位男孩就是你们的榜样。要坦然接受命运的挑战。黑暗的另一面就是光明，风雨过后就是彩虹。你要勇敢地向逆境宣战，因为毅力是人生必备的品质。要记住，人生给你关上一扇门，一定会为你打开一扇窗。

学会抛弃你的负面情绪。你是不是有时会感觉老师同学都不理解你？你是不是偶尔会心情不好？成绩没有进步，会不会心里不痛快？我们要有格局，要有高度。什么样的人朋友多？正能量的人。大家都爱和阳光、快乐、自信的人做朋友，即使是负能量满满的人，也是如此。

如何与世界相处？有个说法叫"管道论"。生而为人，必须和周围的人打交道，这就需要打通管道，学会沟通。把老师看成你的父母。人的关心是相互的，你把老师当父母，老师一定把你当孩子。良好的师生关系是取得好成绩的前提。

做一个阳光的女孩。要保持乐观的心态，积极主动，热情大方，要有豁达的胸怀。选择朋友应当选择助力你学习的朋友。和同学打交道的时候，主动给出你的真诚和友善。要有一颗仁爱的心，关爱他人，照亮自己，帮助别人会使你变成天使。给予比接受更快乐。

自信的女孩最美丽。在我看来，我们实验中学的每一个女孩都很漂亮。要记住，腹有诗书气自华，读书能美容，气质才是终身的美丽。五官是父母给的，后天的自信美是自我修行成的。信心是人生最珍贵的宝藏。女孩要学会自我拯救和自我完善，世人欣赏自强、自立、乐观自信的女孩。女性一定要自立自强，未来的人生靠自己。

什么才是真正的美丽？优雅的气质是来自灵魂的魅力。要微笑，微笑是全世界的一种通用语言，微笑能化解一切危机。谈吐体现一个人的修养，注意语言规范。要学会得体的肢体语言，不要夸张。要学会倾听，注重礼仪。

摒弃嫉妒心理，尊重他人的优势和才华，修一颗宽容的心，有包容他人的脾气、个性。

今天讲座的一个重要目的，是给大家树立正确的三观——人生观、世界观、价值观。如果你有一个放纵的青春，那么必定会有一个悔恨的晚年。

你有偶像吗？你的偶像是远在天边还是近在眼前？如果远在天边，那么就是不切实际的；如果近在眼前，那么看看我们学校的老师，个个才华横溢、英姿飒爽，把你的老师当作偶像吧！要有一个现实的偶像，要有一个现实的理想。

幸福与好运的背后，是看不见的自律。学习积累智慧，知识改变命运，靠智慧实现自我价值，适时修正人生目标，面对社会选择的机会也会更多。

首先，在学校里你要养成良好的学习习惯，上课不能开小差，学习要足够投入。另外，与人打交道，讲究"知人者智，自知者明"，找自己和别人的闪光点。把他人的亮点放大成太阳，不要把他人的黑点放大成黑布。

积蓄人生的能量，你若努力，全世界都会为你让路！

有的同学说，我非常努力，但就是取得不了好成绩。其实，这是因为你是低品质的"伪勤奋"。这里有十条好习惯，帮助你做到高质量的勤奋：1.阅读（晨读）；2.课前预习；3.制订计划；4.复习知识点；5.建立错题档案，及时反馈纠错；6.总结规律；

7.高效练习；8.静心攻克难题；9.提升综合能力；10.坚定信心，不轻言放弃。

常怀一颗感恩之心。家是港湾。母爱是润物无声的。父爱如山，要尊重你的父亲。要感恩你的老师，感恩帮助过你的人。常怀感恩之心的人，一定会有贵人相助。

百善孝为先，孝为德之根。学习和工作是安身立命之本。

你接近什么样的人，就会走什么样的路。人生最大的运气不是捡到钱也不是中大奖，而是有人愿意花时间去指引你、帮助你，所谓的贵人并不是直接把钱给你的人，而是开阔你的眼界，纠正你的格局，给你正能量的人！

学会保护自己。怎样保护自己？要靠智慧和技巧。

1.勇敢面对性骚扰；

2.不与异性亲密接触；

3.远离毒品；

4.虚拟世界莫忘真实；

5.走大道，忌偏僻。

寄语实中阳光女孩：巾帼不让须眉，文静、优雅、传承东方女性之美。要有人文素养，多读书；要有科学素养，学会辩证思维；要有艺术素养，至少掌握一门艺术特长。要全面、个性、可持续。要做到身体健康、人格健全、志向高远、知识丰富、贡献社会。

人生没有白走的路，每一步都算数。

女孩们！努力吧！

（十三）最后一程

始于入学时开学典礼的"第一课"，在毕业时也有"最后一程"，即从距离中考的第100天"百日誓师"起，再到毕业路口的生涯规划和"最后一课"的毕业典礼，都是学校引领毕业生走过的"最后一程"。在这"最后一程"的陪伴中，学校对即将离校的毕业生提出期待和建议，指导毕业生无论是进入下一阶段的学习还是步入社会，都应保持正确的观念和道德品质，以积极乐观的心态面对未来发展可能遇到的挑战，向毕业生传递正确的世界观、人生观和价值观，天道酬勤，发展自我，深根固蒂，厚积薄发。

百日誓师　是初三年级组联合政教处组织的为动员全体毕业班师生在最后100天里全力备考，为实现中考目标而奋斗的中考百日冲刺誓师大会。百日备考，铿锵誓言，誓师大会在雄壮的国歌声中拉开序幕，每个毕业班由班主任带领，高喊口号，举起标语，大踏步迈进，会场上旌旗满布，声势浩大，非常隆重，目的是鼓舞士气，振奋信心，向中考冲刺。宣誓结束后，初三年级业务校长向全体毕业班提出最后阶段的复习建议，让同学们鼓起精神，自信地备战中考。毕业班压力较大，确实很累，学习要张弛有道，有时体育组、政教处、初三年级组也会联合组织他们进行拉歌比赛，同学们在歌声中发泄压力、调节情绪，在接下来的学习中更加认真专注。

生涯规划　中考属于选拔性考试，初三年级是义务教育的最后一年，在初中三年级结束后学生实现真正意义上人生的第一次分流。在初中毕业后去往哪里？上普通高中还是职业高中？是继续科学文化知识的学习，还是重点培养一门技术？学校要根据学生的素质和能力，尊重他们的兴趣和爱好，帮他们进行生涯规划，科学地进行毕业分流，扶学生上马，送"最后一程"。学校邀请重点高中、普通高中、职业学校、艺校、体校等不同类型学校的领导和老师来学校讲座，让同学们增进了解、合理规划。

毕业典礼　是毕业生的"最后一课"，从这里迈出去，毕业生站在人生的十字路口，毕业典礼仪式让他们在心理上、文化上以及社会关系上，实现了一个阶段到另一个阶段的过渡和转换。这场典礼对他们顺利进入下一人生阶段具有特殊的教育意义。

学校是社会的思想库，传承人类过往文明，与未来时代俱进，从这里守护了社会的核心价值。毕业典礼的意义是学校文化与思想的传承，以及与学生后面人生的衔接。毕业生走出校门后，知道母校还在关注着他们，背负着感恩，面向未来，走向更好的学校，走向社会。一所学校的成功，与校长息息相关，校长作为一所学校的符号，对学生发展有着举足轻重的影响。毕业典礼校长致辞是校长的嘱托、期望和告诫，是全人教育的重要一环，是办学方向和育人导向的重要体现。

毕业典礼这天，政教处组织初一、初二全体同学在校门两侧夹道欢送初三毕业的学长，在他们跨过毕业门之后，道路两侧的低年级学生集体撒花祝贺，同学们虽然毕业走了，但留下了对母校的依恋，带着感恩，带着所学所长，带着梦想去奔赴新的战场，奔向光明的未来。

案例7

最后一讲

——带着感恩、带着梦想奔向未来

同学们：

上午好！

校园里广玉兰树上的花——谢了！操场边榕树上的花——开了！孩子们，你们却要远航了！

课有终结，学无止境。你们经过一千多个日日夜夜的灯下苦读，靠着锲而不舍的拼搏精神，迎来了你们人生中一段华美乐章的圆满谢幕！

　　三年来，校园里的老师、同学，甚至一草一木，都是你对母校的回忆，你可能会说，老师啊，我还有遗憾，我对学业还不太满意，我心中还有解不开的心结在缠绕。那么，今天在同学们离别之际，我再给大家讲个故事：从前，有个国王到花园散步，他看到花园里的花草树木都枯萎了，只有一棵细小的心安草茂盛地生长着。原来，橡树由于没有松树那么高大挺拔而轻生了；松树因为自己不能像葡萄那样结出累累果实，心生嫉妒而干枯了；葡萄树则因为哀叹自己终生匍匐在架子上不能直立起来而唉声叹气；牵牛花因为自己没有紫丁香那样芬芳而病倒了；其余的花草也都因为自己的平凡而无精打采。国王看了看平凡得不能再平凡的心安草问道："别的植物都枯萎了，为什么你却生长得这般勇敢乐观，毫不沮丧呢？"心安草回答："那是因为我从不自卑，从不灰心，也没有什么非分之想。我只想好好地、尽心尽力地做棵心安草，快乐自己，点缀大花园！"

　　孩子们，无论你经历过什么，还是将来要面对什么，你都要从容一些，淡定一些，自信一些，洒脱一些，荣辱不惊，要有一颗平常之心，才能做最精彩的自己。苔花如米小，也学牡丹开！

　　假如你是一棵大树，你就长吧，使劲地长，长成国家栋梁，为祖国的飞速发展做出贡献！

　　假如你是一棵小草，你就长吧，使劲地长，像心安草一样，吐尽绿色，点缀祖国的大地。

　　教育的目的是使每个人进步。实验中学的办学理念是全人教育，成功的关键不仅是经验和能力，还有好的思维方式。孩子们，母校希望你们自信、成功、快乐，那就先改变一下思维方式吧！

　　如果你牙疼，你要想幸亏我不是浑身疼。

　　如果鱼刺卡在了你的喉咙里，你要想幸亏不是钢针。

　　如果火柴在你兜里着了火，把衣服燃着了，你不要自认倒霉，你要很庆幸，它不是一颗炸弹。

同学们，作为实中的毕业生，你们承载着父母、师友太多的期望，我们期待着，期待着你们中间产生造福百姓的政治家，叱咤风云的军事家，探索奥秘的科学家，搏击商海的企业家……你们超越师长，创造伟业，为母校争光。我们期待着，期待着你们成为理想远大，热爱祖国的人；成为追求真理，勇于创新的人；成为德才兼备，全面发展的人；成为视野开阔，胸怀宽广的人；成为知行合一，脚踏实地的人；成为大写的人，成为和谐的人，成为宽容的人，成为幸福生活的人，成为有益于他人的人，成为跟上时代的中国好人。实验中学下一步将对毕业生进行跟踪调查，母校时刻关注着你的成长。

同学们，几年，十几年，几十年以后，母校希望在茫茫人海中能将你们重新辨认出来，是由于你们对社会的杰出贡献！

我可爱的男孩们！我可爱的女孩们！希望你们快乐且成功！成功和快乐的源泉是宽容和感恩！

学会宽容，学会感恩吧！感恩同学们吧！你们或许有磕碰，但三年来，你们共同学习，共同生活，你们曾相伴成长！愿你们的友谊地久天长！同学如手足，老师如父母！感恩老师吧！孩子们，你们一个小小的失误，曾是老师的无数次追悔；多少次手把手的亲切教诲，多少次面对面的促膝谈心，你还记得吗？当你不交作业时，是谁在追着你，催着你；当你摔倒时，是谁在扶起你，关怀你；当你遇到困难时，是谁在呵护你，鼓励你；当你犯错误时，是谁在严格要求你，并纠正着你，原谅了你……每一次长谈之后泪流满面的你可否注意到了老师双眸中那盈盈的泪光？他们甚至比你的父母更了解你的愿望和需求，更明白你的喜怒和哀乐，更知道你的优点和不足！他们用心良苦，掩饰着自己的忧愁和郁闷，他们全力以赴，常常忘掉了自己的病痛和疲劳。为了你们的成长，他们经常忽略了家人的感受……当然，三年的日日夜夜，老师也许错怪过你，忽视过你的内心感受，但那都是情真所致，爱你的不拘一格，我代表实中和实中的全体老师向你们表示歉意，在这里，给你们道一声，对不起！孩子们，请原谅我们的无心之过吧！

同学们，这里曾经是你们的家，是心灵可依赖的地方！家是那个你在心里感觉不满，却不允许别人说"不"的地方！

同学们，你们在这里度过了初中生活，那是你们的青春期，那是人生的花季，也是人生的驿站，今天该说祝你们一路顺风，但在未来漫长的人生道路中，不可能一帆风顺，当遇到困难的时候，记住所有的成功都是咬牙、坚持、不放弃才能实现的，只要坚定心中的信念，母校永远做你们坚强的后盾！

孩子们，今天咱们不说再见，我说——愿你们常回家看看！

亲爱的孩子们，愿你们前程似锦，听从祖国的召唤！

可爱的宝贝们，我爱你们！

第五章

质量提升机制

　　教育质量最早由贾德森在 1909 年《通过学分确保中等和高等教育质量》一文中提出，他介绍了运用学分制保障中等和高等教育质量。此后，这一概念在教育领域逐步得到关注[①]。教育质量是教育的重要组成部分，也是实现全人教育的核心目标，受教师的教学质量与学生的学习质量共同影响。因此，研究当代教育质量提升机制，探讨教育质量提升路径，对于推动教育工作的高质量发展具有重要的理论意义与现实价值。

　　教育质量的评价不只是在基础设施、教学组织、师资力量、经费投入等硬件指标上，更重要的是教育教学工作的组织，是学生对学习的关注和成果，它代表着学校系统有效性的重要指标，与学生达到教学要求与课程标准的程度相关，与教师和家长对学生学习表现信息的了解程度相连。教育的改革就是将人才培养转变为以学生为中心，研究学习质量的整体提升。

　　教育质量的提升需要良好的师生互动，知识和人格的协同，个人和集体的有机结合，是身体、心灵、精神的融会贯通。因此，教育质量提升机制的研究即如何在学校的工作中，实现学养与人格共进、个体与群体共进以及身心灵的共进机制的探索。

　　学养与人格共进　　学养是学识和修养的综合体现，教育固然是帮助学生习得知识与技能的过程，更是帮助学生塑造健康人格、追寻自我生命意义的过程。教育不是单纯的知识积累，还包括人格的培育，学识与修养并重，才能称之为学养。学校要多角度、多途径地提升学生的文化素养，注重品质培养，以健全人格为经，以丰富学养为纬，才能使学生在漫长的人生旅途中定位到全人的坐标。

------

① 项贤明. 教育学原理 [M]. 北京：高等教育出版社，2019.

个体与群体共进　个体都以个体而存在，但又是群体中的成员，在越来越重视团队协作的当今社会，科学处理个体与群体关系是当今学校教育必须关注的主题。在合作学习的过程中，学生通过交互认知过程共同完成知识建构，监督彼此的认知活动，进而扩充各自的知识系统，实现知识共建和群体觉知，提高学习效率，提升学习质量。学校要培养学生的团队合作意识、提高服务意识、增进领导意识，来实现个体和群体的齐头并进。

身、心、灵的共进　身、心、灵全人健康观是指身体、心理与灵性三个层面的和谐统一，三者之间良性发展与相互影响。身、心、灵三个层面都影响着个体发展，同时三者之间也相互联系、协调发展，影响着个人和社会的和谐发展。因此，在学校教育工作中，让学生拥有健康的体魄是体现学生的自我尊严、保证有效学习的前提和基础，帮助学生拥有健全的心智、健康的心理、愉悦的心情，能够保持旺盛的精力投入学习，也是学校教育不可或缺的一环，进而实现内在精神的充实与和谐，实现个体的全面发展。这三者的协同发展，身、心、灵的共进，是教育的理想追求。

一、质量提升理念

高效执行是根本，评价科学是保障，共同成长是目标。

教育教学质量的管理首先要建章立制，更重要的是制度的落实和执行，制度要能具体落实到每位教师、每个学生身上，每部分的学习内容中，才能称为一套科学合理、行之有效的制度，制度的高效执行是根本。

干部管理的高效执行有考核制度，考核制度的原则是尽可能实现数据化和公式化，加大制度的执行力和落实力度。

教师教学的高效执行，学校提出了"四清"的落实要求，即堂堂清——每堂课的最后五分钟要有当堂检测练习，练习内容按学生的接受程度可以设置为不同的难度系数；周周清——每周进行周考，进行阶段性巩固，防止遗忘；月月清——每月进行月考，进行学期阶段性反馈；单元清——每单元进行单元测评，培养学生的综合能力，防止知识碎片化。

学生学习的高效执行，学校提出了"作业五个0"的落实要求，即布置作业不提出具体要求＝0，布置作业不检查＝0，检查了不反馈＝0，反馈了不再练习＝0，练习了不再坚持＝0。

近年来，国家对基础教育评价日益关注，2020年10月，国务院办公厅发布了《深化新时代教育评价改革总体方案》，提出要引导教师潜心育人的评价制度更加健全、促进学生全面发展的评价办法更加多元和形成富有时代特征、彰显中国特色、体现世界水平的教育评价体系的深化新时代教育评价改革的目标[①]。评价体系是学校教学工作体制中的核心机制，不仅能够直接引导、规范教师教学活动，而且会影响到学校的未来发展，科学的评价是质量提升的根本保障。

教育要做到立德树人，进行全人教育，也在培养全人教师，共同成长是质量提升理念的最终目标。教师应该从学生的学习过程和学习习惯开始，立足学科完善其教学功能，将大的教育目标分化成小的目标，通过完成小的目标来完成最终目标。学生品质的培养、知识的学习、素养的深化需要教师将课本知识与他们的内在精神世界联系起来，全人教育的实现伴随着质量评价体系的更新与完善，依靠着全校师生高效执行的团结与合力，教学相长，共同提高。

---

① 深化新时代教育评价改革总体方案 [M]. 北京：人民出版社，2020.

二、质量提升的二十二条措施

质量提升的措施是在学校线状管理与块状管理相结合模式下，进行的教学质量提升、服务质量提升及关系质量提升的具体措施。线状管理是教学管理部门、学生管理部门、后勤管理部门等在行使职责和落实责任的基础上，形成串联的服务机制。块状管理主要是在教育教学中，分块进行独立管理，从而相互学习、相互竞争，形成并联的竞争机制。从领导班子到教师，从教学岗到后勤岗，从教研到教辅，从课堂到课外，从学校到家长，从校园到社会，都通过线状管理与块状管理地有机结合，保证了执行的高效性，保障了评价的科学性，实现了师生共同成长的目标，进而实现学养和人格共进、个体和群体共进以及身、心、灵同步共进的教育理念，实现质量的全面提升。

在教学管理方面，为提升教师教学质量制定了相关措施。教学管理措施的实施原则是：扬长、避短、拾遗、补缺。教务处、教科处、电教中心等部门的任务是在日常教育教学工作开展过程中，发现问题、推广亮点、保障教学成绩的提高，艺体处则负责学校教育的全面发展、百花齐放。

为提升学生综合素质，制订了培优辅差、发展优势、实现卓越的相关措施；学生管理部门政教处、团委、少先队协同心海扬帆工作室等制定了相关措施，为学生的身心灵发展提供保障。

为提升全体师生生活质量，后勤工作中生活科联合财务科、总务处保障师生把饭吃好，妇委会联合工会保障全体教职工把身体照顾好，后勤和教辅人员充当任课教师的后备军，为站到讲堂时刻准备着，这些都为前线教学工作的顺利开展提供了坚实的基础和后盾。

（一）学校里的"分校"

学校在管理模式上采用块状管理和线状管理相结合的网状管理模式，网格内的区域形成了学校里的"分校"。整个学校管理既有学科上独立的分散管理，又有业务上贯穿的统筹管理，形成了全校无盲区的"片管线穿"网状管理模式。这种评价机制使得学校管理既能抓实抓细，又能提高教师的格局，管理质量得到了突飞猛进的提高。

块状管理 是将每个年级内的老师和学生平均分开，形成分校，分校进行独立管理，参与全区的独立考核。学校每年的招生计划都在1000人以上，规定的班额为50人，每年每个年级有20多个班，一般将每个年级切块为四个部分，即四个分校，每个分校设一名分校校长，由教学成绩突出且品质优秀的教师担任。

每个分校相当于一个独立的"学校"，在考核时分校参与全区学校间的排名。各分校独立自主管理，教学过程中分校之间形成了互相竞争的对比态势，这样领导干部和教师工作的积极性和主动性就被激活了。分校既独立管理又由年级校长统一指挥，这些分校即网络管理中的块。

线状管理 学校设置了教务处、教科处、政教处、督导室、总务处、团委、少先大队、电教中心、生活科、财务科、宿管科、办公室、工会、妇委会等科室，是网络化管理模式中的一根根"线"，这些科室由分管校长负责，各科室主任负责科室具体事务，进行全校性服务，实现线状管理。

（二）十个维度照镜子，一把尺子量到底

十个维度是给十类不同岗位教师的不同定位，对外在全区内横向比较，作为参照的镜子，即"十个维度照镜子"。"一把尺子"是将所有教师的工作成绩进行量化，以一套标准衡量，统一考核，作为教职工管理的综合评价制度，即"一把尺子量到底"。教育质

量的提升需要制度化的管理，制度的科学评价是能够高效执行的保障。一套科学的考核制度核心就是：不同岗位、不同分工的教职工的工作如何既要能与其他学校同等岗位进行横向比较，又能在同一学校不同岗位进行纵向比较。只有同时兼顾了内外的评价，才能把一个教师的工作到底干得怎么样这件事情说清楚，才能把每个人的工作评价得准确、科学、公正。

十个维度照镜子

（1）分管校长照一照：分管年级的校长，依据区教委对该年级在全区的教学成绩的考核计算工作成绩；分管科室的校长，依据区教委对科室在全区的考核排名，计算工作成绩。

（2）分校照一照：根据年级各分校的总成绩在全区的位次，计算各分校长的成绩。

（3）学科照一照：根据学校各学科在全区的教学成绩，计算学科主任的成绩。

（4）备课组长照一照：根据各年级的学科在全区的教学成绩，计算备课组长的工作成绩。

（5）科室照一照：根据区教委对学校综合考核中的该项工作的全区排名，计算科室主任的成绩。

（6）班主任照一照：班主任年度工作综合考评分两部分。一部分是以每月考评为依据，全年累计得分，由政教处负责；一部分是按年度升级考试成绩排名，由年级组负责。

（7）个人成绩照一照：全校文化课（除音体美信外）教师，按全区标准分统一排名，根据在全区的排名以及在本年级的排名进行每年度的考核。

（8）音体美信照一照：全校音体美信四科教师，按照《茌平实验中学音体美信教师考核方案》全校标准分统一排列进行年度考核。

（9）分段提醒照一照：按照分层次教学的宗旨，以最后综合考核为导向，按照分段评价原则，设计过程评价表，进行教学成绩的提醒分析和教育过程的指导。

（10）教辅人员照一照：教辅人员根据一线教学人员的服务满意度，经教代会评议和分管领导评议给出综合考核结果。

一把尺子量到底

按照初一、初二、初三、音体美信、教学辅助岗位五线单列分别考核；然后赋予每列不同的系数，并成一条线，统一量化，用一把尺子衡量。

这种评价使得实验中学的每个人的考核都数据化定位，为每个教师建档立卡，将考核结果作为评模、晋级等各种利益分配的依据。阳光、公平、公正的评价极大地调动了教师的工作积极性。

（三）捆绑式考核

捆绑式考核是在综合考核中，教师的个人成绩不只取决于个人工作，还与班级作业组、备课组、学科组等捆绑考核，领导干部的成绩还与分校和年级的成绩捆绑考核。

班级作业组捆绑，即一个班级的所有教师在考核时作为一个整体；备课组捆绑，即一个年级同学科的所有教师在考核时作为一个整体；学科组捆绑，即学校同一个学科的所有教师在考核时作为一个整体；分校捆绑和年级捆绑，即在学校的块状管理中，按照分校和年级情况考评分校校长和年级校长。

各种方式的捆绑考核使大家拧成一股绳，各个组织都团结协作，加强了团队凝聚力和战斗力，使得大家有问题一起商量、集体教研、民主管理，最大限度地调动每个人、每个组织的力量和智慧，从而打造卓越团队，提升整体质量。

（四）教考分离

教考分离是把教学和考务分开的考试制度。学校学年末的考试分两类，一类是文化课的考试，另一类是音体美信的考试。教学工作中，分管年级的副校长带领本年级文化课老师只负责教学过程的管理，分管音体美信的副校长只负责教师的教学过程和各种大赛、各种活动，全部不参与考务，这也是块状管理的体现。根据《茌平实验中学学业测评方案》和《茌平实验中学音体美信考务方案》，考试工作由分管教学的副校长带领教务处人员具体实施，以上两个考评任务在一周内完成，这也是线状管理的体现。教考分离的实施也是块状管理和线状管理的交织，即网状管理的体现。

文化课考试由区教育局教研室统一出题，非本学科老师监考，全区统一阅卷。音体美信的考试实行"三权分离"的办法——教师负责上课，校长负责出题，教学副校长带领教务处人员负责结果考评。

教考分离能使学生认识到，成绩的好坏取决于平时的努力程度，取决于对所学课程的掌握与理解水平的高低；使教师意识到要按照课程教学大纲和基本要求组织教学，要注重教学研究，改进教学方法，以求得好的教学效果。教考分离用统一的标准考查教师的授课水平，也是规范教学工作和适应教学管理制度改革的需要。

学校的发展要以评价为导向，诱发教职工的内驱力，评价的真实性和公平性至关重要，教考分离的评价机制公平透明，严格了考试制度，推行了教育教学过程的高效管理，保证了教育教学成绩的真实性，保证了竞争的公平性，有利于下一步整体工作的开展。

（五）三色两案

"三色两案"是学校对教师备课的要求，即教案和学案必须经过教师至少三次的修改，"三色"形成教案。教案带动学案，三色合一，多次研改，不断优化，要求教师备课要精益求精。高效课堂的功夫在课外，高效的课堂源于高效的备课。

三色 "三"古语里是多数的意思，"三色"备课体现多次修改、反复备课。备课是教学工作中的关键环节，为了让教师充分备好课，学校提出了"三色""两案"的备课构思。第一色：教师根据教材、教参和课程标准用黑笔书写。第二色：教师查阅完至少三套教辅资料后用红笔添加修补。第三色：教师根据中考方向，经教研集体备课后，再用蓝笔修改一次。

两案 是老师的教案和学生的学案，做到教案学案的双案合一，以达到优化和实用的效果。

教师在备课上下足功夫，集体备课定稿后再上课，努力探索"大容量、快节奏、抓基础、砸细节"的课堂模式。课堂上渗透德育教育，每一节课让学生在学好知识的同时，在世界观、人生观、价值观等观点形成和行为习惯、学习习惯培养等方面也会有新认识、新提高，当教师落实了"三色""两案"的备课理念，高效、创新的课堂也就落地有声了。

（六）课堂一票否决

课堂体现学生的主体性、课堂进行信息化教学、课堂渗透德育教育，三者缺一不可，这是提高课堂质量的三条警戒线。

课堂教学质量是学校的生命线，把握课堂质量是学校建章立制和一切工作的出发点。为了提高课堂教学质量，打造学生的课堂、信息化的课堂、融入德育的课堂，学校根据《茌平实验中学高效课堂标准》，要求所有任课教师和中层干部每周听课不少于2节，教务处听课常态化，教科处每月检查听课节数和听课质量常态化。

课堂体现学生的主体性 课堂是民主的课堂，学生是课堂的主人，老师只是课堂的组织者、参与者和氛围营造者。一个自主、合作、探究式的课堂，学生参与积极、表达自由、效率更高，相比满堂灌的课堂风格，老师讲得太多，师生不能很好互动，学生思维能力得不到锻炼，思想也容易开小差，这样单向的课堂，要一票否决。

民主课堂有"六维度"，即参与度——课堂上学生要全员、全程、有效参与到教学中；亲和度——课堂上师生间和谐融洽；自由度——课堂气氛自由轻松，学习行为不受约束但又紧张有序；整合度——教师在课前和课下要及时做好知识的整合；练习度——课上有梯度练习，课下给学生布置适量又有质量的作业；延展度——广度和深度的延伸，为学生进一步深入学习留下空间。

教师在课堂上要做到"六讲"和"六不讲"。"六讲"：讲已成定论的知识，讲学生不知道的知识，讲模糊的知识，讲规律性的知识，讲重点和难点，讲方法和思维方式。"六不讲"：开放性的不讲，学生没思考的不讲，学生还没做的题不讲，学生已会的不讲，学生通过努力能会的不讲，讲了学生也不会的不要讲。

课堂进行信息化教学　课堂上要求使用多媒体，多媒体教学考核如不合格，课堂一票否决。多媒体的使用情况每学期末由电教中心负责考核，通过电脑记入和学生记入进行双轨统计，其中信息技术教师负责本年级教师的信息技术指导工作，课堂按照《茌平实验中学电教优质课评价标准》进行考核。运用多媒体和互联网技术是改变教学思维和教学方式、提高教育教学质量的重要途径。为打造与时俱进的课堂，提高教师多媒体技术与信息表达能力，每周三晚上电教中心进行信息技术课件制作培训，每年教科处举行微课件制作大赛，以鼓励教师多发挥多媒体教学技能和应用能力。

案例1

茌平实验中学电教优质课评价标准

评价内容	评价标准	分数
教学目标（20分）	1.学习目标明确具体（6分） 2.在教学中注重培养学生的创新精神和实践能力（7分） 3.结合学科特点，关注学生思想方法、行为方式、价值观念的发展，有效渗透德育教育（7分）	
学习环境创设（10分）	1.围绕学习目标创设灵活的有利于学生学习的环境（3分） 2.课堂气氛相对轻松自由，学习行为不受约束但又紧张有序（4分） 3.电教媒体和学习资源要有利于学生参与（3分）	
学习组织（20分）	1.教学调控及时有效，能充分调动学生学习的积极性（10分） 2.发挥学生主体作用，全体学生都能参与到学习中，全员参与、全程参与度高（10分）	
学习评价与反馈（20分）	1.教师对学生的课堂表现，要评价及时、到位、真实，杜绝不评价和无效的评价（6分） 2.学习兴趣高，积极主动，反馈及时（7分） 3.有较高的练习度，目标达成度较高；理科注重培尖设计（7分）	
电教媒体运用（20分）	1.电教媒体的运用有利于解决教学中的重点、难点（6分） 2.电教媒体的运用恰当、合理、熟练（7分） 3.教与学的过程充分发挥电教媒体的优势（7分）	
教师素质（10分）	1.能充分调动学生积极性，课堂活跃，灵活机智（4分） 2.教师教态亲切自然，亲和度高；口齿清楚，普通话规范，表达能力强（3分） 3.板书清晰，字体规范，突出重点（3分）	
总分（100分）		

课堂渗透德育 课堂要结合学科特点和生活实际，进行适当、适时、适量的育人教育，做到文道一体，衡量课堂质量的一个重要指标就是看是否符合这个核心思想，是否将育人贯穿到课堂中去，缺乏德育渗透的纯知识传授型课堂，被一票否决。

德育是素质教育的首要内容，课堂教学是学校实施德育教育的主渠道，学生在校时间大部分是在课堂上度过的，学校育人的任务主要通过课堂教学活动来完成。所以，无论是文科、理科还是音、体、美、信等学科，都要挖掘出教材中蕴藏的德育元素与课堂融合，把德育渗透于所有学科，贯穿于整个教学过程的始终。课堂上牢固树立"价值塑造、能力培养、知识传授"三位一体的育人理念，倡导"人人事事时时处处皆育人""人人都是德育工作者、门门课程有思政"，引导学生自觉明大德、立大志、成大才、担大任，做到"全人教育全人育"。

案例 2

化学学科如何融入德育？

我教初中化学，化学学科如何渗透德育，也是我一直探索和思考的问题。我认真研究、探讨、挖掘化学学科中的德育元素，让学生在实验中、在游戏中激发学习兴趣、牢记化学知识，不仅记忆深刻，而且会帮助学生树立科学的世界观。

一般的教学方法是全凭讲授、全凭记忆，以实验的方式印象深刻。在探究微观实质时，先由幻灯片演示化学变化的实质。比如，我讲授"分子组成"一节，分子分解成原子，原子重新组合成新的分子，学生看了可能也明白一些，但记忆不深。课前，我找了一组大的红气球代表氧原子，一组小的绿气球代表氢原子，每一个红气球与两个绿气球绑在一起，形成水分子，这个教具干瘪、生硬。为了形象生动，我找了许多同学来情景模拟，男同学代表氧原子，女同学代表氢原子，一个水分子由一个男同学、两个女同学构成。然后请同学们模拟：有的是手牵手直线组合，形成长链；有的是手牵手的三角组合，形成圆圈；学生们都很形象地把化学组成按照"两个氢原子一个氧原子"的形式模拟出来，同学们学得很轻松，掌握得很好，在实验中学习，爱好化学的兴趣大大提高了，教学效果明显。

课程实验结束了，我做总结：氢、氧是世间存在的物质，它们都以自己的方式存在；氢与氧结合生成水，就是氢与氧的升华，其实自然界水的生成经历了一个漫长而复杂过程。我们必须懂得：氢与氧结合生成水也像我们人类社会，人们只有相互帮助、互相学习、才能互相成就。因此我们要学习水的品质：水，顺势而下是一种谦逊，奔流到海是一种追求，刚柔相济是一种能力，海纳百川是一种大度，滴水穿石是一种毅力，洗涤污浊是一种奉献，无色无味是一种境界，滋养万物是一种信仰。

在教水分子的变化这节课时，既有学生分组实验——电解水，也有情景游戏——化学变化的实质，还有的演示实验——氢气的燃烧，课堂形式多样，学生分组实验电解水，同学们分工合作，团结协作，很快就完成了实验，实验效果也很好，同学们通过实验探究，学会与别人交流合作，体验合作学习的乐趣。通过实验，学生直观地掌握了电解水的实验现象，由被动接受走向自主探究，从以教师为中心走向以学生为根本，学生轻轻松松掌握课本内容。

总之，化学教材中蕴含许多德育教育的元素，只要我们仔细地教研、认真地挖掘，一定能让课堂丰富多彩，激发学生的学习兴趣，丰富科学知识，收到良好的育人效果。

初三（10）班化学教师　边益梅

（七）五分钟现场评课

学科组听完一节课后，所有听课的老师就地集合（地点通常是楼道），以最快的速度依次说出这堂课的三个优点和三个缺点，在 10 分钟的班空时间内，用 5 分钟完成现场评课。为什么制定 5

分钟的评课时间？因为这样大量的听课要解决的问题是，利用什么时间评课，怎样的评课才能不影响教师正常的教育教学秩序。这样的评课方式简单直接、印象深刻、效率高、见效快，同时保证了下节有课的教师正常进行教学工作。详细的评课记录整理后交到教科处，由教科处汇总梳理出亮点后进行推广，梳理出来的问题在下周教研会上研讨。这种快节奏的即时评课制度具有实效性和高效性，促进了高效课堂，有利于教师的快速成长，也提高了教学成绩。

领导干部、教师、家长进课堂听课评课是常态，只有领导干部把听课评课当成大事和主业，学校的教育教学质量才能快速提升，只有科学的听课评课，才能帮助教师快速成长。学校要求无论什么课，在上课时间，班级教室的后门一律是虚掩的，这样可以让大家随时进去听课，可以转课。听课不选课题，不定人数，时间可长可短，采取现场即席评课，课后要有教学评价和意见反馈，找到课堂至少三个优点和三个缺点。如果听课不评课，那么教学没效果，"两直"评课可以是三两句，但要直击要害、直奔主题。

（八）科科有特色，人人有亮点

教有教法，无定法。学科之间特点不同，文科和理科的课堂模式不一样，音体美信和文化课的教学方式也不一样，面向学生的年级不同，每个老师的教学风格更不尽相同，所以"科科有特色，人人有亮点"是学校对教学质量的统一要求。打造有特色的学科，培养有亮点的老师，那么就要教研活动常态化、制度化，定时定点、随时随地及时教研解决问题，挖掘闪光点。

尤其是在学校班额大、教师多的情况下，通过集体教研，各学科教师对相同的教学内容以各自擅长的教学设计进行解析，可以使教师之间互相学习、互为借鉴，业务水平进一步提高。固定一个课堂模式会限制教师的个性发展，但无论什么样的模式，怎样的风格，都要落实大容量、快节奏、重基础、抓细节的课堂要求，课堂要做到"六个维度"（参与度、自由度、亲和度、练习度、整合度、延展度）和"四个牵引"（牵引学过的知识、牵引未来的知识、牵引中考知识、牵引时事热点）。"六个维度"，即参与度是学生的全员参与、全程参与和有效参与，直接影响着学生的学习积极性和注意力；自由度是以学生为中心的根本；亲和度是学生参与程度和自由程度的基础；练习度是对知识掌握的预估与模拟，是提高课堂效率的关键；整合度是对学科知识体系的整体把握和深度学习的基础；延展度是用知识解决现实中问题的核心。"四个牵引"，即教师通过牵引学过的知识、未来的知识、中考知识和时事热点，让生活成为教与学的内容，让社会成为广阔的课堂，让知识在实际问题中得到回响和印证，课程的广度与深度就得到了进一步升华。

定时定点　即隔周大教研，是各教研组成员在学科主任的组织下，每两周进行一次集体大教研，大教研选择每个教师都没课的时间提前安排，写到课程表上，时长为语数外两节课、其他学科一节课。学校的教研管理体系包括校长、业务校长、学科主任和各科任课教师，教研内容包括教法共享、案例分析、组织评课、教改探索等，要既注重教研形式又注重教研质量，做到教研有计划、安排落书面、活动有考勤、过程有记录、每次都有中心发言人。

随时随地　即天天小教研，是在备课组长的组织下同年级同学科的教师对桌办公集体备课，落实"三色""两案"要求，讨论确定课时重点、突破难点、教学方法、题组设置、培优辅差等具体细节。校本教研活动可以达到教师之间充分交流、优秀教师亮点成果共享、教学水平共同提高的目的，同时对经验不足的青年教师通过"会诊式"碰撞，也能起到"标本兼治"的作用。为了解学情，开学一个半月前班级作业组实行对桌办公；为加强集备，一个半月后学科组实行对桌办公。

开学一个月后，学校统一组织月考，第一次月考之后在学校召开的家长会上，将教师上课的亮点和教育教学管理的方法跟家长进行汇报和沟通，做成楼道文化向全校师生展示。"科科有特色、人人有亮点"这一教学要求使教师的课堂百花齐放，教法多种多样，也使得学生的学习过程绚丽多彩。教育教学质量的提升要有民主的课堂、民主的教学、民主的教研，有民主才有科学，有科学才有提升。

（九）学段搭桥，学科融合

学段搭桥，学科融合，是无论课堂授课还是课下作业与练习，教师都需要注意对知识的前后搭桥，对不同学科内容的衔接融合。尤其是新教育的理想课堂要有整合度和延展度，避免内容的碎片化，有利于增强教师的教材解读能力、教学设计能力和教学实施能力，也利于学生的知识体系建构、学习方法完善和迁移能力培养，提升教育教学质量，形成全面育人、整体育人的大教育观。

整合度是指根据对知识体系的整体把握，通过牵引学过的知识，延伸未来的知识，渗透中考的知识，融合网络的知识，有利于学生的深度学习。延展度是指将学科知识延展出去，学以致用，用已经学过的知识去理解没学过的知识，用知识解决现实中的问题，将不同学科的内容串联起来，有利于学生的跨学科学习。

学段搭桥　以初一新生入学为例，在新生报到的时候会给他们安排暑假作业——学校教研组研发的"搭桥课程"，这是为他们小升初做准备的衔接课程。同样，初三年级的教师要熟悉高中课程，在备课时要渗透延展高中部分的内容，为高中阶段的学习打下基础。教科处组织的各个年级教师隔周大教研，也是通过将不同学段、不同学科的相关知识集于一起备课，从而实现整合知识备大课的目的。

学科融合 学科融合理念促进教师积极探索、实施跨学科教学，鼓励教师突破学科束缚，融合学科备课，鼓励老师跨学科听课，通过与其他学科教学相互联结、相互配合、相互牵引以完成学科素养目标、完成立德树人根本任务。

（十）教师成为偶像

学校规定，在开学一个月内领导要在课前及课余时间走进教室，将之前准备的资料——挖掘出来的每一位教师的优点，无论是工作中的优秀表现还是家庭中的温暖故事，都讲给同学们，让学生走近、了解、欣赏教师，感受到自己班的教师是最好的师资配置，自己的班级是最棒的班集体，使这些教师成为学生心中的偶像。

亲其师，信其道，校园内最重要的关系就是师生关系，师生关系的质量直接影响着学生的社会功能、心理健康、学习投入和学习成绩，决定着教育教学质量。对于学生而言，和谐亲密的师生关系，有利于更好地理解教师的要求，调整自身行为，养成良好的个性品质，促进良好的校园适应，提升学习热情与学习动机，促进自身成长。

如果说关爱学生是教师的天职，那么教师的心理感受谁来关注？师生关系是一个双向的、动态的关系，双方互动产生的情感链接也会影响教师的情绪感受、心理健康和能力表现。教师也是普通人，也会有职业倦怠，也需要被认可、被欣赏。利用青少年偶像崇拜心理，将教师的闪光点挖掘出来，把身边的教师打造成学生心中的偶像，可以提升教师魅力，使师生关系更为融洽。这样既利于教师了解学生的心理需要与人际交往需要，助力学生成长，又增强了教师的教学能力、沟通交流能力，提升了教师的工作热情、职业信念和职业自豪感，从而形成良性循环，最终转换成有效教学，提升教学质量。

（十一）一个都不能少

义务教育的首要任务就是为国家保障适龄儿童、少年接受义务教育的权利，它最低任务标准就是要"控辍保学"——让入校的每个学生都合格毕业。因此，"一个都不能少"是学校对这项工作的制度要求。

教育公平是实现社会公平的基本途径，教育公平要求在维护学生享有平等的入学权利的同时，应保障学生在学习过程中获得平等的教育资源和教育质量，采取措施防止学生辍学和失学。教育公平是首要的价值追求，必须关注那些处于弱势地位的贫困学生，帮助濒临辍学和已经辍学的学生重回学校学习。学校需要完善学校主体的分工与合作机制，提高执行力，运用动态管理，实现信息资源共享，坚持家校共育，实施学校、社区、家庭三级联动的大教育机制。

根据《茌平实验中学教职工综合考核办法》，学校对学生流失的规定为：一学年内无学生流失，班主任加 1 分，每流失一个学生扣 0.25 分，直至该项扣为 0 分。根据制度规定：每学期开学第一天上午 9 点以前，班主任要将学生的到校情况逐级汇报至校长，如果有没到校的学生，班主任要立即打电话联系家长；下午放学前，各班主任再逐一核实，年级汇总后汇报到政教处，以确保学校确切掌握学生的入学情况。平时上学期间，任课教师每节课要提前到教室检查人数，如果发现有没有请假而缺课的同学，要按照流程规定第一时间打电话联系班主任，班主任立即联系家长，追踪学生的动向，确保学生安全到校。

案例 3

一个都不能少

2017 年，小亮因特殊家庭情况有几次想辍学。他的父亲由于交通事故去世了，母亲改嫁去了外地，他和 70 多岁体弱多病的祖父母一起生活。这个学生的心结是他一直想去找母亲，但他的母亲改嫁后又有了孩子，继父不愿意接受他。所以，班主任在熟悉他的家庭情况后，一直很关注他。开学后，班主任发现小亮没到校，马上联系了他的母亲，他的母亲开始还接电话，后来电话都不接了。于是，教师多次家访、多次谈心，给他买食物、买衣服，班主任组织学科老师到他的家里上课，师生组成团队去关心照顾。小亮很感动，打开了心结，决定不辍学。返校后，他的成绩上升很快，毕业后考上了区一中，并在高中毕业后顺利考上了一所不错的大学。

（十二）50 分的差距不算大

同样条件下总成绩 50 分的差距，这个差距不算大——这是学校教师一直坚持的一个教育信念。我们将 50 分拆开：如果有 7 个学科，每个学科相差 7 分，按照每学科一份试卷有 7 个题计算，那就是每个小题只差 1 分。如果同学们在学习过程中更扎实一些、仔细一些、努力一些，每个小题提升 1 分至 2 分就不是问题，那么每个学科就能增加 7 分至 8 分，总分就能增加 50 多分了。因此，50 分的差距不算大。

这个信念充分调动了学生学习的积极性，树立了他们的信心，坚定了成功的决心，学生成绩普遍有所提高，有效地践行了"让走进来的都自信，让走出去的都成功"的教育信念。

（十三）不断更新的座左铭

如果说座右铭是人们写出来放在座位右边激励自己、作为行动指南的格言，是扬长教育，那么座左铭就是学生跟教师、家长或学生共同发现的、写在课桌左上角的自己的缺点、想要改正的地方，用以提醒、告诫自己向小错告别，是一种避短教育。学校统一定制了绿色和黄色的卡纸，座右铭以绿色卡纸为底，绿色代表了希望，置于课桌右上角，上面是学生激励自己、鞭策自己奋发向上的名言警句或奋斗目标。座左铭以黄色卡纸为底，黄色代表了提醒，使学生可以时刻看到自己的缺点并引以为戒，告别小错，自我提醒。

课桌是学生学习的天地，是文化的载体，对学生有最直接、触目可及的影响。课桌文化的打造有利于学生在举手抬头之间意识到自己的缺点和不足，能够自我反省自我诫勉，那么克服缺点、修正不足就指日可待了。课桌右边是座右铭，左边是座左铭，学生在课桌上既有鞭策和激励的格言，又有避短和矫正的提醒，也落实了学生自我管理的教育理念。

案例 4

一直更新的座左铭

小静的父母靠打工支撑家庭，有一次她周末在家顶撞了母亲，母亲打了她之后，她也动手了。她母亲给班主任反应后，班主任给她讲道理并写了一个大大的"孝"字，让她贴在课桌的左边。一星期后，小静母亲很感激地找到班主任，向老师道谢，说孩子在家听话了，而且主动洗碗扫地做家务。又过了一段时间，老师发现小静贪玩、不爱学习，就让她把座左铭换成了"当你玩时，你的父母在做什么？"对此她非常清楚：当她玩时，她的父母正在工地上挥汗如雨地干活。这句话触动了她的内心，思想上有了很大改变，成绩也有了很大的进步。后来老师发现她和男孩接触比较多，就又把她的座左铭换成了"伟大的爱情在于双方共同的进步"作为提醒。

小博平日里好动，上课精力不集中，经常跟同学们打闹，老师多次严厉的批评教育也不见效，其家长对此也很头疼。班主任意识到简单粗暴的做法是无济于事的，只能以宽容的心态，帮助他做好自我约束和自我管理，于是帮他制定了"上课要专心致志，一心一意"的座左铭，并很快见到成效。但后来发现他又有所反复，老师又帮他加了一条"坚持不住就是懦夫"。"懦夫"这个字眼对他刺激很大，他下定决心一定要改过自新，后来他上课时精神集中了许多，特别是上自习课时能安静地自学，家长和老师都感到特别欣慰。

小林是班里有名的"机灵鬼"，特别聪明，但太马虎、不虚心，做事拖拉、眼高手低。学校推行座左铭之后，他给自己制定了"今日事，今日毕"的座右铭，针对自己粗心、骄傲的缺点定下了"搬掉马虎这座大山""虚心使人进步，骄傲使人落后"的座左铭。班主任及时发现他身上的优点并用这些闪光点激励他，他也逐渐沉稳下来，同学们对他更加欣赏，同学之间关系也更加融洽。

（十四）"1+N"导师制

每年开学的第一个月内，由年级校长统一协调，班主任负责具体组织，以班级为单位来组成一个导师与几个学生的小组。"1"是一位教师，"N"是 N 个学生，"1+N"导师制是一位教师和 N 个学生组成小组团队，这位教师担任这 N 个学生的导师。导师可以是班级的任课老师，也可以是学校的教辅人员，这一制度使全校所有学生和所有教师都参与进来，充分实现了全员参与、全程参与、面向全体、培育全人的教育理念。

每个导师团队的合影都贴在楼道里各班教室门口，是楼道文化建设的一部分。导师负责对学生的学习情况、兴趣爱好和心理教育等方面的全方位跟进、培养与指导。团队的组合情况和联系信息等内容在开学后的首个家长会上由班主任公示给全体学生家长，导师与家长互相保留联系方式。导师们利用空闲时间与学生谈心、交流，楼前楼后、饭前饭后、课前课后的师生聊天已经成为学校一道亮丽的风景。初中阶段的学生，三观尚未完全形成，无论从生理上还是心理上都在趋向成熟而没有完全成熟，容易产生很多迷茫困惑，也会有自己的烦恼。这一制度使学生的心结有处诉说，情绪有人关注，烦恼有所释放，茫然能找到答案，使每一个学生在小单元中有家长、有榜样、有依靠、有知心人，从而做一个阳光快乐的少年。同时，学校充分利用心海扬帆工作站，对全体教师进行心理专业知识培训之余，鼓励教师考取心理咨询师证，争取持"双证"上岗，将"人人都是心理咨询师"的理念贯彻到校园的每个角落。

（十五）优势发展有师傅

学校要求学生至少掌握一门特长，以班主任和音体美信老师为主，其他老师为辅，帮每个学生发掘至少一个兴趣、爱好，将其培养成学生的优势并充分发展，即优势发展有师傅。

学校专门成立艺体处，由艺体处主任负责，一个副校长分管，其任务就是调研、开发学生的兴趣爱好和潜力，进行"一人一案"的个性化培养。成绩优异、特长明显、培养学生的艺术气质是艺体处校本课程开发的目标。学校充分发挥音、体、美、信教师的专长，开发校本课程，在这个过程中，教师是课程开发的承担者、编制者、实施者，同时注重将学生的意见反馈及时纳入课程计划，使其充分满足学生需求。

兴趣、爱好是对自身的一种定义方式，不仅可以促进学生在认识事物的过程中更好地认识自我，而且能够作为情感的安全阀帮助其释放负面情绪、缓解学习压力，而且成功的经验还会增加自信、增强自我效能感。学校将教师的专长和学生的兴趣匹配起来，开发了书法、剪纸、素描、手工制作、足球、排球、篮球、竖笛、舞蹈、钢琴、吉他、二胡、京剧、太极等艺体特长，倡导学科综合，理解多元文化，实现优势发展，将学生培养成会学习、爱生活的全面发展的社会公民。

学校在艺体方面获得的荣誉有：全国青少年校园足球特色学校；山东省中小学电脑制作活动评选类、创客类学校最佳组织奖；山东省青少年校园足球大赛前8强；2018年聊城市中小学排球比赛、武术比赛冠军、运动会特长展示冠军、跳绳比赛所有项目冠军；聊城市第八届中小学生运动会跳绳比赛团体冠军、健美操冠军；聊城市中学生排球联赛男子组冠军；连续5年获得茌平区中小学剪纸、绘画、舞蹈大赛冠军等。

（十六）拓展黑板

拓展黑板是指除了上课时教室前面课堂上使用的多媒体教学黑板外，学校将教室内四周和后面以及教室外楼道墙壁上都安装了的黑板作为拓展黑板。教室内周边墙上的黑板被分到各个小组内，是小组活动的领地，教室外楼道内的黑板分到不同学科内，是任课教师辅导学生的地方。课余时间，教师在拓展黑板上留下有深度、有难度的题目，留下自己学科的学习方法和技巧，留下推荐阅读的资料，进行阳光读写活动，在楼道黑板辅导学生……成为学校的一道风景。

拓展黑板将教育从课堂拓展到课外，提高了课堂外学生的参与度，引导学生积极思维，培养学生分析、概括能力和逻辑思维能力，发展学生的创造性思维和自学能力，使他们掌握科学的学习方法，提高了学生构思组织语言的能力，有利于语言表达能力的提高。另外，板书还能使学生养成整洁、美观、有计划、有条理地学习和书写的习惯，能更好地提高学生感受、鉴赏、评价和创造美的能力，发展审美能力。

拓展黑板用分层教学的模式，达到了无声教育的效果，为落实教育改革目标、实施素质教育提供了全新视角，发挥学生的主体性，提高教学效率，让学生广泛参与教育过程。

（十七）书店进校园

为提高学生人文素养，培养阅读习惯，学校举办"阳光大阅读"活动，打造"书香校园"，自筹资金建书屋，与新华书店合作建立固定式的校园书店——远航书店。新华书店投资设备和图书，安排管理人员，书店内设置了能同时容纳两个班学生上阅读课的第二课堂。

学校还与区图书馆等社会机构合作建立流动式的校园书店——希望书店，学校提供图书室、阅览室等房间作为场地，希望书店提供书籍，并定期更新，进行图书漂流。

书店是校园重要的人文地标，是莘莘学子的精神家园，是校园文化重要的组成部分，对助力阅读、促进素质教育、繁荣校园文化、提升教育质量具有重要作用。书店进校园是学校与实体书店的双向奔赴。

走进校园的远航书店和希望书店都是学校与社会资源的整合，在一定程度上节省了学校开支，合理利用了社会资源，也缓解了固定图书室和阅览室不能满足日益增长的师生阅读需求的问题。书店进校园辐射带动了教室里的图书角、演讲比赛、书香广场、作文大赛等活动，链接了家长的亲子阅读，提升了学习氛围，养成了阅读习惯，延伸了课堂教育。校园里的书店不仅可以开展阅读活动，而且可以来这里放松休息，读书已逐步成为全校师生的一种生活方式和日常习惯。不同于传统书店，远航书店以图书为媒介，搭建起了集图书销售、共享阅读、图书借阅、学生成长、饮品轻食等文化业态于一体的复合型文化阅读空间，以"沉浸阅读体验"为特色，让书店的核心价值回归阅读。

（十八）科技馆

科技馆是用来展览学生优秀创新作品的展览馆，学生在周末、假期会有一些自己的发明、创造，学校将作品与学生的姓名、班级和作品原理等资料做成的卡片一起陈列在科技馆内。科技馆由学校统一安排场地，负责活动设备和耗材购置，保证每年的经费投入，教科处分管，团委协管，馆长负责，馆长下设组长，从物理、化学、生物、地理、信息技术这五个学科中分别选出一位教师作为科技馆的学科组长。它是学生们创新的一个缩影，除馆内摆放的作品，还有作品被放置在教学楼、办公楼、实验楼等楼道里和专门打造的展示柜里，向大家展示。科技馆还有一处"创客室"，是学校对计算机科学进行软件、硬件投资建设，给同学们进行篮球机器人、足球机器人、灭火机器人、人型机器人等创作的地方。

科技馆在校委会、教科处、科技活动小组三级组织的管理下，确立了各活动室的管理制度和科技活动小组的章程，学校每学期的工作计划有科技活动要求，每学期末有科技活动情况总结，科技教育的顺利实施有组织保障和制度保障。学校每学期举办一次科技创新大赛，获得优秀作品奖的同学在国旗下接受表彰，对放入展示柜的作品定期进行科普和宣传，科技创新的氛围弥漫在整个校园。并且根据竞赛需要，优秀的作品经逐级上报，继续参加市级、省级、国家级大赛的评选。

科技馆的理念是：培养科学素养，培养创新精神，废品利用，变废为宝。科技馆的初衷是：在每个孩子的心里播下一颗创新的种子。科技馆的门口放了一个大大的问号，学校要带着思考做教育。教育家陶行知先生曾提出著名的"六大解放"理论：解放儿童的头脑，使之能思；解放儿童的双手，使之能干；解放儿童的眼睛，使之能看；解放儿童的嘴，使之能讲；解放儿童的空间，使之能接触大自然和社会；解放儿童的时间，不逼迫赶考，使之能学习自己渴望的东西。陶先生说："有了这六大解放，创造力才可以尽量发挥出来。"在倡导素质教育、提升教育质量的今天，在新课程改革的大形势下，学校改变观念，树立创造意识，实施创新教育，素质教育才不会是一句空话。

义务教育阶段，为培养学生的创新意识和创新能力，学校设置有国家课程、地方课程和校本课程这三级课程，此外，用科技馆作为身边的创新实体，拉动和培养学生的创新精神，再把科技教育纳入校本课程建设，将科技教育与校本课程开发整合、与实验室整合、与综合实践活动整合。在三级课程的实施中，渗透创新教育，培养学生的科学精神，提高学生的科学素养。

根据素质教育要求的"创新精神和实践能力"的培养，课程改革提倡的"主动参与、乐于探究以及动手能力的培养"，科技馆开展丰富多彩的科技教育活动，创设科技环境，发挥环境育人功能，激发了学生的学习兴趣，培养了学生的创新精神，锻炼了学生的实践能力，充分展现了学生独立思考、勇于动手、大胆创新的能力，将部分被动学习、消极学习的局面变为愿意学、主动学。

为把抽象的问题具象化，科技馆将趣味性和科学性相结合。在这里，教师拓宽思路自制教具，学生自己动手制作学具，师生利用实验室和科技馆进行创新实验，满足了教学过程中尤其是理科教学里培养学生理论联系实际能力和动手实践能力的需要。学生自制的潜水艇、飞机、温度计、显微镜模型、动物模型、微生物结构模型等作品，屡次在省市级乃至国家级的各类科技活动和竞赛中获奖。聊城市首届初中物理"落实课程标准、培养科学素养"创新大赛和聊城市首届机器人大赛都在茌平实验中学举行。

2018年，石金子同学的科幻画代表聊城市获得第33届山东省青少年科技创新大赛一等奖。2018年，在聊城市"交运杯"青少年科技之星评选活动中，茌平实验中学选送的5件作品全部获奖，初中组前7名的获奖选手中有3名同学来自实验中学。其中，获全国中小学信息技术创新与实践大赛一等奖1人，获山东省科技创新大赛一等奖2人，获聊城市科技创新大赛一等奖14人、二等奖47人、三等奖60人，茌平实验中学在市级竞赛中的参赛获奖人次约占2/3以上。

案例5

科技馆的故事

小哲同学非常聪明，但不热爱学习，经常逃课。于是，学校在科技馆里给他安排了一张办公桌，让他想玩耍的时候来科技馆进行创作，而且给他报销科技制作的材料费用。一段时间后，他在正常上课之余，自制了一架小飞机。现在，这架小飞机已经研发到第三代，能飞到五层楼的高度，并实现了自由转弯。老师夸他是"实验中学的爱迪生"，在受到老师的表扬和鼓励后，他信心倍增，听课更加认真，再也不逃课了，学习成绩直线上升。

（十九）心海扬帆工作室

心海扬帆工作室是面向全校学生进行心理健康辅导的心理工作室，由政教处负责管理工作，在教学工作之余，具有心理咨询师证书的教师承担起疏导学生心理的工作，辅助班主任及其他科室做好学生的心理疏导工作，工作宗旨是"助人自助，调节情绪，快乐生活"。

工作室由教师轮流值班，公示值班时间，严格恪守心理咨询保密制度的职业操守，按照先预约再接访的工作流程，对于有问题需要咨询的学生，要认真倾听、客观耐心解答。对于超出一般心理问题的学生，要及时和其班主任联系，做好转介和保密工作，做到一人一档案。

工作室利用"国旗下演讲"、"1+N"导师制、"周二有约"、家长讲座等活动契机，通过带动教师的力量、发挥家长的力量，在咨询室内、教室内外，利用自己学到的心理技能，协助家长为孩子们做好心理服务工作，成为学生疏解压力、放松身心、补充能量、滋养心灵的港湾。学校鼓励学生有心结打不开的时候就咨询，遇到不懂的问题就向专业的人咨询，消除他们对心理咨询的戒备心理和偏见。工作室还联合工会，启动了关爱生理期女生的活动，咨询室内为生理期的女生提供了红糖、姜片等物品，为她们营造了一个私密空间。

心海扬帆工作室不仅给学生的身体和心灵提供了一个休憩的场所，而且连接了家长，促进了家校共育。在促进学生心理健康教育工作之余，还促进了心理健康教育教师专业化发展，通过鼓励教师持双证上岗，为学校加强了教师队伍综合素质建设，提升了教育质量。

（二十）妈妈小屋

妈妈小屋 是面向全体孕期、哺乳期和生理期的女教师休息设置的场所，内有桌子、电视、空调、冰箱、沙发、单人床、饮水机、微波炉、婴儿车、儿童积木等设备，以及针线包、护理包、红糖、姜、牛奶等日用品，让女教师在特殊时期能好好休息，保障身体健康。

在"妈妈小屋"，女教师能够休息、喂奶、换尿布，解决了"背奶妈妈"在单位的各种不便，使学校的关怀更有温度，成为对女教师特殊保护的重要阵地。学校充分利用"妈妈小屋"的空间资源，不断拓展服务内容和服务对象，将其发展为女职工健康知识交流、心理咨询、亲子教育的场所，以及工会女教工开展活动的阵地。

保健室 是医务室除了常规的诊室、处置室、治疗室外，面向一些年龄偏大，有腰椎、颈椎等问题的教师，设置的具有理疗、保健功能的科室，并配置了理疗仪、按摩仪、中医调理等设备和功能。

教师工作有时节奏快、压力大、身体负荷较重，在"妈妈小屋"和保健室能使教职工身体得到休息，心灵得到放松，有安全感、获得感和幸福感，成为教职工真正的温馨港湾。2017年11月，聊城市总工会与聊城市妇联在茌平实验中学联合召开了"妈妈小屋"现场会，2018年10月被山东省总工会与山东省妇联评为山东省"妈妈小屋"。

（二十一）后勤不后

兵马未动，粮草先行。"后勤不后"是学校后勤的管理理念，"把粥熬黏糊"是后勤生活科进行餐厅改制的管理理念。餐厅管理的原则是：无利经营。餐厅管理制度有两层含义：一是财权、物权、人权的独立；二是采购时各科室共同采购、人员独立。财权归财务科负责；物权归生活科专人负责，包括物品的存放和出入库；人权归生活科另外专人负责，包括人员的招聘和管理；物资和人员又归生活科科长统一负责进行协调。以上科室全部归后勤处管理，在采购的时候，由后勤副校长带领生活科、财务科、总务处三个科室各自选派的一个人，共四人进行集体采购。

餐厅的运行由三科室共管、学生会监督、家委会参与，每个科室、每个人都细化分工，密切合作，互相监督，预防管理漏洞。生活科按照《茌平实验中学生活科管理制度》雇用、管理工人，进行食品加工，四人采购小组按照《茌平实验中学物品采购制度》采购物品，政教处按照《茌平实验中学就餐制度》管理学生。

校园内师生同餐，教师和学生同一餐厅、同一时间就餐，这样既利于学生用餐管理，节省了用餐时间，也和谐了师生关系。除正常就餐时间外，经常会出现教师因为跟学生谈心，或者赶早、晚自习加班等原因而没来得及在正常就餐时间去餐厅吃饭的情况，对此，学校给生活科提出了教师去食堂"随时去随时有饭"的要求，生活科承诺——食堂永远有吃的。保证餐厅有饭是安排工作时首先要考虑的内容。

在"后勤不后、服务为先"的理念下，学校食堂彻底解决了学生吃不好、生活不健康、卫生有问题、家长有意见、社会有顾虑的局面，做到了食材安全、物美价廉、营养搭配、科学健康，师生用餐秩序井然，不仅提高了学校的餐饮质量，受到了家长和社会的一致好评，也关注了教职工的心理感受，切实有效地践行了后勤的服务理念。

生活科科长在暑假教育论坛上说："我羡慕、尊敬教学一线的每一位教师，你们兢兢业业、任劳任怨、齐心协力，咱校今年又取得了全市第一的好成绩。生活科的最基本任务就是把粥熬黏糊、把馒头蒸得有口劲，进行营养健康的配餐，让全体师生吃得饱、吃得好是我们生活科的追求。"他还说："一线教学的老师们，你们的鲜花朵朵和枝繁叶茂，也有我们的一份功劳，我们是供给营养的树根，我们将会更加努力，希望大家监督！"聊城晚报对茌平实验中学的餐厅改革作了全方位名为《食堂无利套餐制》的报道，茌平实验中学2017年被评为聊城市中小学食堂卫生标兵，同年也被评为"食安山东"餐饮服务品牌示范单位。

后勤人员是幕后的英雄，为教育教学工作的顺利开展做着辅助和保障工作。后勤岗位没有假期，一线任课教师的寒暑假正是后勤人员最忙碌的时候。假期时,从毕业班的用品回收、维修、到新生入校的准备工作,都非常辛苦。开学后,后勤人员更没有上下班时间,天天转校园查找问题,值班人员电话 24 小时畅通,小事都需要立即处理,随叫随到。主动、及时、服务是后勤人员的工作理念。

解决后勤管理模式的局限性,发展高质量后勤,打造后勤不后的管理理念,突破学校后勤改革的瓶颈,是提升教育质量的有效途径。后勤工作服务是根本,高效的服务是前勤工作顺利开展的保障,后勤各岗位都有自己的岗位工作制度、岗位考核制度、岗位目标、岗位工作计划和计划实施措施。后勤工作如果不到位,会影响教学人员的工作运转和教学积极性,所以后勤管理要以问题为导向,围绕教育教学中心,为全校师生和家长服务。教学质量的提升需要高质量的服务,把后勤工作做好了,那么学校的整体发展就有保障、就有基础。

(二十二)后勤到前台

后勤到前台,是学校给后勤和教学辅助人员提出的,在完成本职工作的基础上,同时要每周进课堂听课、写听课记录、参与教学教研活动,从而为到前台上课时刻准备着。每个后勤和教辅人员都报两个志愿:一个是自己所学专业的志愿,一个是自己感兴趣学科的志愿,这样一旦任课教师出现空缺,后勤人员随时作为候补教师顶上。

全人教育就是要全员参与、全程参与、面向全体、培育全人,后勤人员、教学辅助人员与任课教师一样,也要了解、掌握学生的学习情况、思想变化,利用工作之余和学生沟通交流,发挥自己的特长和爱好,参与学生的社团活动,参加"1+N"导师组合,带动学生优势成长的同时实现自身的共同成长。

后勤到前台,为教学工作储备了丰富的大量的人才,是集全体教职工所长，从根本上解决了缺编缺岗的现实问题，解决了学校的工作需求。更重要的是，它促进了任课教师和教学辅助人员的换位思考、相互理解，提升了不同岗位、不同工作教师的关系质量，促进了学校各种关系的和气畅通，开创了学校高质量发展新局面。

案例6

从保卫科到生物课堂

保卫科科长满国英是英语专业毕业的，一直对生物很感兴趣，他报了英语、生物两个志愿。平时在保卫科的工作完成之后，他总到生物课堂上听课并参加生物组的教学教研，为上课时刻准备着。2019年秋天，生物科一个初二的女教师分娩，在产假期间，他兼职担任了那几个班的生物教师，那个学期，学校参照教学人员的相关规定，对他进行了捆绑考核。

第六章

家校共育机制

教育可以分为学校教育、家庭教育、社会教育。家庭教育作为教育的组成部分，是学校教育与社会教育的基础。著名心理专家郝滨曾说过："家庭教育是人生整个教育的基础和起点。"家是最小国，国是千万家，家庭是孩子的第一个课堂，父母是孩子的第一任老师，家庭教育必须扣好孩子人生的第一粒扣子，为孩子的终身发展与幸福人生奠好基。

《中共中央国务院关于进一步加强和改进未成年人思想道德建设的若干意见》和《教育部关于加强家庭教育工作的指导意见》提出，要重视和发展家庭教育，加强对家长学校的指导管理，推进家长学校的建设发展[①]。2022年1月1日起，《中华人民共和国家庭教育促进法》正式施行，家庭教育由以家规、家训、家书为载体的传统模式，向以法治为引领和驱动、以社会主义核心价值观为主要内容、以立德树人为根本任务的新模式迭代升级，将家庭教育由传统"家事"上升为新时代的重要"国事"。

家庭教育怎么做？家庭教育和学校教育如何实现双向奔赴？研究家校共育的教育机制，从学校管理的角度探讨如何将家庭与学校形成合力，重视和引领家庭家教家风建设，使家长积极有效地参与到学校的教育工作中来，家风校风一起造就学风，建立"学校教育、家庭教育、社会教育、学生自我教育"四位一体的联动大教育机制是家校共育的重要途径。

---

① 教育部关于加强家庭教育工作的指导意见 [EB/OL]. 中华人民共和国教育部网站, 2015–10–16.

一、家校共育理念

同盟是根本，共管是保障，合力是目标。

相关研究表明，对孩子发展影响最深刻的不是物质，而是童年早期与父母依恋关系的建立，家庭中稳定的情感关系也是学生成长发展的动力源泉。家庭教育在整个教育系统中占比不到20%，但它起的作用占到80%，这就是教育中的"二八定律"，即决定孩子在学校状态的关键性因素，是家长给他内在置放的"心"的质量。好的家庭不是单打独斗，是父母一场爱的合作；好的教育也不是学校的单打独斗，是学校和家庭的一场合作。因此，同盟是根本，家庭和学校形成同盟，家庭教育和学校教育就能形成合力。

言传身教，教书育人，育人先育己。教书育人的"人"，不仅有学生，还有在这个过程中的每个人，有教师，也有家长。在这场家庭和学校的"合作"中，是从学校、教师到家长的全民教育，也是教育过程中所有人的一场终身教育与终身学习。学校如何建立行之有效的机制，让家长增强合作意识，有效参与进来，在有心的同时也能有力，家、校齐抓共管，是家校合育的保障。

家校共育的核心目标是形成合力，一起养孩子的"心"。引导学生自我成长、自我教育、自我发现、自我超越的路上，家长要走得慢一点，站得高一点，看得远一点，想得深一点。成长需要跋山涉水，家庭和学校用集体的智慧和努力，陪学生慢慢地走，才能变成一种托举、一种支撑、一种潜在的能量和他们走向最美好未来无往不胜的力量。如何形成家校共育的合力？针对家校共育过程中的七个关系，学校提出了七个"一致"：

第一，家长与学校一致。学生是家庭的一员，也是学校的主人，是家长与学校共同培养的未来，具有高度目标的同一性。如果家长和学校产生矛盾或出现分歧，也是方式、方法的分歧，希望能直接沟通讨论、协商解决，认知达成共识。

第二，家长与教师一致。家长是学生的法定代理人，教师是学生的知识传授人，双方应当互相理解、互为补充，家长和教师应该求同存异、达成一致，家校合一，才能形成共识。

第三，教师与学生一致。师生是教学的主体，亲其师，信其道，在一定程度上师生关系决定了教育教学的质量，和谐的师生关系才能促进教，更能促进学。

第四，家长与孩子一致。家长是学生的塑造者，要以身作则，对待孩子成长中的种种缺点和错误，要宽严适度、刚柔相济。家长还要帮助学生处理好和教师之间的关系，让他们站在未来社会主人的角度看待事情处理问题，让他们知道教师教学方法不同、教学风格各异，教育孩子适应老师，但不要因此泯灭了孩子的求知欲和积极性。

第五，夫妻对待孩子观念一致。良好的夫妻关系是和谐家庭关系的关键，更是孩子人格形成的基础。母亲给予孩子情感需求与温柔，父亲教会孩子理性思考与力量格局，各在其位，各司其职，但对孩子的教育观念要一致。夫妻之间对于亲子教育的不同看法可能会导致教育方式的不同，给孩子带来混乱和困惑。因此，夫妻双方需要在亲子教育观念上进行统一，确保孩子能够得到一致且有效的教育。

第六，家长与家中老人和睦一致。老人是过去的家长，家长曾经是老人的希望。家长对待老人的态度，会耳濡目染地印在孩子的心中，历史有相当的重复性和复杂性，上行下效是人类的本能，尊老爱幼既是社会公德也是法律要求的义务。因此，家中要注重家风建设，家长与家中老人和睦一致，在对孩子的教育上身教胜于言教。

第七，家长与其他人和谐一致。社会教育也是教育的重要组成部分，家长与同事、朋友、亲人的社会关系以及对待工作的态度和对待事情的看法，都会影响孩子的认知、思维方式和性格人格。用阳光的心态看世界，用辩证的思维看矛盾，做一个阳光的家长，才能培养出一个阳光快乐的孩子。

二、家校共育的七大方式

家校协同的育人体系主要围绕四个"一"展开：建好一个组织——家长委员会，办好一个学校——家长学校，用好一个资源——家长队伍，完善一个机制——家、校、社会三位一体的教育机制。家校共育是依托家长委员会和家长学校这两个组织，在学校的教学管理、学生管理、后勤管理等各个方面开展的教育教学活动。

家长学校的"周二有约"是学校为提高家长的家庭教育质量开展的讲座，家长会和家长讲坛是学校搭建的与家长沟通的平台。课堂里的家长席是为提高课堂管理质量，家长进入课堂的听评课制度。"家长方阵"让家长参与到学校生活如文明教室评选、饭菜质量管理、家长讲坛、亲子阅读、亲子运动会等各项事务中，从硬件的设计建设到软性的管理建议都体现着家长的宝贵智慧，彰显着家校共育的理念。

在学生的课堂生活中，座右铭是家长和孩子共同制定的"纠错格言"，"理想树"是家长和孩子共同种下的理想目标，科技馆里摆放的有亲子共同制作的成果……这些都是家校共育在课桌文化、教室文化、校园文化上的体现。在学生的课外活动中，国旗下演讲、课前10分钟演讲以及主题班会也都有家长的切身参与，都是实施家校共育的重要方式。

（一）家长委员会

家长委员会（简称家委会）是协助学校处理日常工作、参与学校管理的家长团队，分为班级家委会、分校家委会、年级家委会、校级家委会四级，在每学期开学一个月内由民主选举产生。班级家委会在每个班内设主任、副主任各一人，委员若干人。分校家委会由班级家委会的正副主任组成，年级家委会成员由分校家委会的正副主任组成，都设主任一名、副主任三名、委员若干。学校家委会的成员是年级家委会的主任和副主任，负责学校与家委会的联络事宜，其中初三年级主任为学校家委会主任，其他两个年级的主任为副主任，另外再选举常委两人，五人组成学校家委会常委，由学校颁发聘书，任期一年。

家委会成立的目的是在学校与学生家长之间架起联系的桥梁，通过开展多种形式的活动，促进学校与家庭的联系，起到沟通的作用；通过监督学校工作，改善提高家庭教育和学校教育质量，起到督促的作用；通过共商教育大计，为促进学校的发展，培养优秀人才发挥服务的作用。家委会的工作按照学校工作计划，通过征求家长意见，制定的《茌平实验中学家长委员会章程》《茌平实验中学家长委员会工作制度》《茌平实验中学家长委员会工作计划》等展开。

家委会的工作目标是通过各种方式鼓励家长了解学校工作，积极参与学校管理，促使学校、家庭、社会形成育人的合力，推动学校教育教学水平的提高；帮助教师更好地树立为学生、为家长服务的意识，掌握指导家庭教育与学校教育有机融合的方法；提高家长对教育子女的科学认识，提供家庭教育的经验，提高家长教育子女的科学性、有效性。例如，家委会成员代表列席教职工代表大会，监督学校制度落实情况，进入课堂参加听评课，评议班级文化，参与文明教室标准制定和评选，参加国旗下演讲，参与制定餐厅下一周营养食谱，监督学校餐厅卫生，组织家长参加文艺演出，志愿放学后交通疏导等。家委会的活动方式主要包括以下几个方面：

开辟多种渠道，融入学校管理。家委会要加强学校与家长之间的联系，研究当前家庭教育、学校教育的动态，商讨家庭教育指导的措施和方案，参与学校管理，提高家委会的工作实效。家委会成员通过参加学校的有关会议、仪式和活动，听取学校整体工作介绍，了解各项规章制度，督促学校教育教学的规范运作，向学校提出合理化意见和建议，协助学校搞好各项工作。

组织培训学习，提高家庭教育水平。家庭教育是教育系统工程的重要组成部分，为了提高家长的教育水平，普及家庭教育知识，学校将继续分年级、分班级为家长开设家庭教育讲座。一般情况下，每次讲座以后，都会安排班主任、任课教师与家长见面，交流学生在学校和家庭中的信息，使家庭教育与学校教育同步协调。

沟通办学信息，促进教育教学。了解教学信息，促进教育教学是家长把握孩子成才的重要渠道，也是家校教育形成合力的重要手段。家委会将继续为学校教育教学活动献计献策，共同探讨子女教育问题。例如减负后学生作息时间的科学安排、待优生的转化、良好学习习惯的培养等。家委会将组织部分学生家长参加学校召开的教育教学质量分析会。

关心校园安全，共建防范体系。做好校园安全工作不仅是学校的责任，同时也需要家委会的通力协助。家委会将定期、不定期地检查学校各项安全防范措施的落实情况，及时向学校反馈安全隐患以及可采取的措施，尽可能为学生安全提供必要的帮助。

监督政务校务，规范办学行为。家委会参与学校管理、监督依法办学是确保学校办学公平、公正、公开的重要环节，可对学校下列工作的实施加以监督：办学方向、教育理念、办学章程、教育教学行为、规范收费、招生入学以及后勤服务等。

参与学校活动，形成教育合力。参与学生校园文化活动是家长了解学校教育、沟通亲子关系的重要时机。家委会要充分发挥桥梁、纽带作用，尽可能组织学生家长积极参与学校举办的校园文化活动，在可能的条件下为学校开展活动提供帮助与支持，如科技活动、文艺演出、体育比赛等。

案例1

茌平实验中学家长委员会章程

第一章　总则

第一条　为进一步密切家庭和学校的沟通协作，家长充分参与学校民主管理，提高家庭教育水平，努力构建和完善学校、家庭和社会有机结合的教育体系，特设立班级家委会、分校家委会、年级家委会、校级家委会四级，结合本校本班实际，制定本章程。

第二条　家长委员会是由本校学生家长代表组成，代表全体家长参与学校民主管理，支持和监督学校做好教育教学工作的群众性自治组织，是学校联系广大学生家长的桥梁和纽带。

第三条　家长委员会宗旨是：坚持家校沟通与合作，让家长充分参与学校管理，有效体现家长对学校教育教学工作的知情权、评议权、参与权和监督权；完善学校、家庭、社会三位一体的教育体系，营造良好的教育环境；深入推进素质教育，促进学生的全面发展。

第二章　组织结构

第四条　家长委员会成员由关心孩子成长、热心教育、热情支持班级工作的学生家长组成。经自荐和老师、家长推荐，征求个人意见后由班主任和分校校长确定。

第五条　各班家长委员会由七人组成，设立主任一名，副主任一名，委员五名。各年级家长委员会由班额数×2人组成，设主任一名，常务副主任一名，委员若干名，委员由各班家长委员会主任、副主任组成。

第六条　家长委员会成员应有较强的责任心和工作能力，有一定组织协调能力，能保障参与活动的时间。热心教育事业，支持班级工作，能与大多数家长沟通思想，能反映大多数家长的要求，为班级工作和改善班级办学条件出谋划策。

第三章　职能

第七条　广泛搜集家长对学校和班级的意见和要求，定期召开家长会议，交流家庭教育的情况和经验，学习教育方针，提高对关心保护孩子健康成长的重大意义的认识。

第八条　通过参与学校的重大活动或组织听课等，关心、了解学校工作，对学校的办学方向、教育质量、教师工作、行政管理等方面提出建设性意见，作出适当的评价，实行必要的监督。

第九条　大力支持本班工作，对班级开展的重大教育、教学活动提供可能的帮助，做好家长的协调工作。

第十条　配合学校用正确的教育思想、方法影响家长、影响社会，使家庭教育、社会教育与学校教育相一致。配合实验中学的家长学校的教学、教研活动，协调实验中学与社会、家庭的关系，增强教育的合力。

第十一条　力所能及地协助学校、班级解决办学中的问题，向有关部门反映情况，争取支持，不断改善办学条件。积极参与学校各项事务，行使家委会中选举与被选举的权利。

第四章　义务

第十二条　家长委员会全体会员需尽以下义务：

1.有收集其他家长意见和建议，促进家校之间相互了解和交流，并向学校反馈的义务。

2.有参加学校组织的有关活动，主动支持学校的建设和事业发展的义务。

3.有以各种方式呼吁社会各界在财力、物力上支持学校，帮助学校改善教学条件的义务。

4.有协助学校、班主任调解校、班、家长之间争议的义务。

5.有协助班主任开展各项班级活动，丰富学生生活，开阔学生视野，提高学生整体素质，指导学生开展各种健康有益的社会活动的义务。

第五章 附则

第十三条 班级家长委员会直接与本班老师、家长联系工作。年级的家长委员会直接与校长和本年级校长联系工作。

第十四条 家长委员会每年为一届，可连选连任，学生毕业离校后卸任。

第十五条 本章程在实践中如有不妥之处，由家长讨论对本章程进行修改和补充。

（二）家长学校

提高家庭教育质量，也是学校的一份责任。家长学校是在上级教育部门指导下，由学校、家委会及家长参加的促进教育的社会组织，是为家长学习家庭教育、探讨理论与实践所开办的成人业余学校。家长学校的指导思想是遵循青少年身心发展规律，开展科学教育讲座等活动，提高家长政治思想和文化素质，建设家庭精神文明。以集体授课、观看录像、个别咨询、资料函授等多种沟通交流形式，普及家庭教育基础知识，传授家庭教育经验，帮助家长树立正确的教育观念。

家长学校的任务是宣传党和国家的教育方针、政策和法规；

系统地传授家庭教育科学知识，引导家长以科学的教育方法教育孩子，创设良好的家庭教育氛围，建立和谐而温暖的学习型家庭；加强家庭与学校的联系，促进青少年全面和谐发展，推进家庭和社区的社会主义精神文明建设。

学校政教处和家委会联合制定了《茌平实验中学家长学校章程》《茌平实验中学家长学校管理制度》《茌平实验中学家长学校委员会名单》《茌平实验中学家长学校工作计划》《茌平实验中学家长学校教学计划》《茌平实验中学家长学校考勤制度》《茌平实验中学家长学校备课制度》《茌平实验中学家长学校评先奖励制度》《茌平实验中学关于稳定家长学校专职教师队伍管理方法》《茌平实验中学家长学校聘请专（兼）职教师制度》《茌平实验中学优秀家长评选条件》《茌平实验中学家庭教育积极分子评选条件》等制度，在这些文件的指导下制定出家长学校年度工作安排，并设计常规性家长会。

家长学校设立正副校长各一名，正副政教主任三名，教研主任一名，班主任若干名；家长学校校长由学校校长及分管成人教育的专职干部担任；正副政教主任分别由学校政教主任及家长代表担任，教研主任由学校教科处主任担任；有关年级组长担任家长学校各班的班主任。每学期期末，家长学校评选出荣誉家长予以表彰，并由教务处对教学情况及教学效果进行总结。

家长学校的教师由校长聘任，聘任有关领导、专家及教育方面有特色的家长担任兼职教师，各年级学生家长根据特殊需要可开办专题教育班，并充分发挥家委会在家长学校中的作用。由家长代表和学校领导及教学骨干教师组成家长学校的常设机构——家长学校理事会，负责制订计划、聘请教师、撰写材料等工作。

家长学校的教学内容根据家庭教育指导大纲和学校教育目标而制定。教学原则包括：针对性原则——教学中针对家长心理、文化程度，孩子身心特点选择教学内容和方法；实用性原则——教学活动要理论联系实际，生动形象地进行指导；超前性原则——教学指导要超前于孩子的发展水平；综合性原则——家长学校的讲授要与其他家庭教育指导形式相互配合进行。教学形式有讲座、教师家长座谈、随机咨询、报刊资料函授、通信指导等。

家长学校的教学内容主要包括家长自我素质的提升，以及在家庭里对孩子的性格品质培养、学习习惯养成、生活能力锻炼、法律意识教育等方面，主要包括"父母课堂""学会生活、学会做人""指导孩子有效的学习""应用法律保护青少年健康成长""托起朝阳"五个模块。

"父母课堂"是家庭教育对孩子成长的作用，创设良好的家庭环境，树立正确的教育观念，提高文化素养、学习科学的教育方法。"学会生活、学会做人"是教育孩子诚实守信，正确面对错误，形成良好行为规范，教育孩子学会自理、培养勤劳俭朴的习惯，让孩子在挫折中奋起（挫折教育），培养责任心与同情心，与子女进行有效的心理沟通。"指导孩子有效的学习"是如何进行家庭辅导，顽强、刻苦学习意志的培养，不怕困难精神的培养，良好的学习习惯与方法的培养。"应用法律保护青少年健康成长"是家庭保护义务，父母应该履行法律义务，维护青少年家庭中的合法权益，教育孩子自我保护，做遵纪守法的好公民。"托起朝阳"是帮助孩子适应学校生活，帮助孩子抓好学习，指导孩子做家务，培养孩子乐学善学，培养自制能力，培养健康健全的人格。

新学期开学的第一次家长会上，校长会跟初一的新生家长汇报当年的中考形式、学校的管理方式，沟通如何配合学校工作，以及对学校发展的意见和建议。首先从称呼开始，不是"我的孩子"，而是"我们的孩子"，为孩子营造一个健康积极的成长环境，是学校和家长的共同任务和一致方向。

学校成立了专业的教师队伍，开展家庭教育知识的普及培训，提升家长的教育素养，构建了"家教专家—家教指导团队—家教骨干团队—家教志愿者团队—家教学习团队"的家教梯队。面对家庭教育发展不均衡的情况，学校引导家长转型，进行有层次、分角度的家教指导培训，引领家长转变家教观念，把握家教方法，进而让家长变为子女教育的引领者。学校给家长的建议如下：

第一，帮助孩子树立梦想——梦想是孩子成长不竭的动力源泉。孩子如果没有远大志向，遇到困难就会想放弃。所以我们要帮助孩子明确发展方向，树立远大的理想，可以利用假期时间带孩子去参观知名高校和科研机构，将外驱力转化为孩子的内驱力。

第二，要帮助孩子培养良好习惯。注重细节、勤于反思，让孩子从日常生活、点滴小事出发，认真对待每一件自己经历过的事情。例如：认真分析每次作业中的错题，仔细剖析考试试卷的错误之处。

第三，孩子就是自己的好——信任与鼓励。尊重孩子的个体差异，每个孩子都是独立的个体，每个孩子都有自己成长的节奏。家长不要将自己的孩子与别人的孩子相比，要和孩子的过去比，看进步和提高。教育需要三分的点悟、七分的等待，鼓励会帮助孩子树立自信心，让孩子看到希望，努力比分数更重要。

第四，努力做好家校一致，正确认识并处理好七大关系，即家庭与学校的关系、家长与教师的关系、家长与学生的关系、教师与学生的关系、夫妻之间的关系、家庭与老人的关系、家长与其他人的关系。

第五，与孩子一起参与社会活动。让孩子体验生活，使之勇于承担责任，感恩教育的关键是承担责任，学会感恩、学会沟通、学会合作。

案例 2

茌平实验中学 2016 年度家长学校工作计划

一、指导思想

以培养全人为基本指导思想，努力促进学生的全面发展，切实办好家长学校，提高家庭教育水平，促进家校联系；广开社会育人渠道，坚持学校教育、家庭教育、社会教育三者有机结合，互相补充，协调发展；融思想性、知识性、实践性为一体，积极构建家庭、学校、社会一体化的教育体系，依靠全体教师的努力及全体家长的支持，全面推进全人教育，促进孩子的健康成长和全面发展。

二、工作目标

1. 通过学校工作来整体提高、促进学校家庭教育工作的提升。

2. 开展主动与家长沟通的家访活动。

3. 把脉家长的需要。为家长解决在教育孩子方面的困惑，找出原因，引导家长找到最适合的教育策略，实现教育的最优化。

4. 开辟多种渠道，夯实家长学校的管理。

5. 采用多种形式，丰富家长学校的活动。

三、具体要求与措施

（一）抓好组织领导，切实提高全体教师及家长的家教理论水平。

1. 组织落实。健全组织机构，分别成立年级、学校的家长学校委员会，每学期召开一次到二次家长委员会的会议，研究当前家庭教育、学校教育、社会教育的动态，商讨办好家长学校的措施和方案，及时反馈家教信息，收集并反映家长对学校工作的建议和意见，协调并参与学校管理，进一步提高管理的实效。

2. 学校定期组织领导班子及教师队伍学习家庭教育的理论及方法途径，研究相应的教育内容，针对各年级学生心理特点，开展授课活动，及时听取家长意见，不断改进工作。

3.借助学校网络平台，开辟《名人家教》和《专家谈家教》等专栏，帮助家长了解当前家庭教育面临的新情况、新问题，明确新形势下家庭教育的重要性，了解当今的孩子有哪些迫切的需要，从而从孩子的需要出发，从家庭教育的实际出发，加强学习、更新教育观念，提高家庭教育的水平。

（二）抓常规管理，切实提高家长学校的办学质量。如果有需要帮助的家庭，班主任要向学校反映情况，以便给予援助，帮助学生树立自强自立，拼搏向上的精神。

5.进一步做好家长学校的资料积累工作。做到"六有"，即有家长学校，有家长学校组织网络，有教材，有教学计划，有讲师队伍，有家长学校工作计划、记录和总结。各种表格齐全，档案资料规范。

（三）切实加强指导管理，提高办学水平。

1.充分发挥家长学校和家长委员的监督参与职能，家长学校领导小组成员和家长委员会要密切联系，分析新形势下学校管理存在的问题，探讨交流相关对策。

2.根据不同年段的学生安排具体的教学内容，做到有计划，有序列地进行，使教学内容序列化、系统化。要求认真备课，力求课上得精彩、实用。

3.家长学校采用灵活多样的教学方法。如讲座、经验交流、问卷调查、致家长的公开信等多种方式。

四、具体安排

一、二月份：1.做好2015年度家长学校的工作总结；2.认真做好2016年度家长学校工作计划；3.各年级组（班）做好2015学年度第一学期家长学校授课、家长会各项资料的整理、上报、存档；4.精心布置寒假工作，积极组织开展文明礼仪教育和社会实践活动。

三月份：1.留守学生的关爱活动；2.各年级学生的家长半日开放活动。

四月份：第二届校园阳光体育艺术节邀请部分学生家长参与。

五月份：1.结合国际劳动节、母亲节和国际家庭日，组织开展"我爱我家"征文比赛活动；2.召开初三年级学生家长会，针对初三年级学生学习、青春期教育、升学等问题集中授课。其他年级组组织召开一次家长会，着重结合期中检测情况进行家庭教育指导。

六月份：1.做好家长学校学员培训检测工作，并进行学期工作总结；2.各年级组织开展"优秀家长、好家长"评选；3.初三年级学生考前心理辅导讲座。

七、八月份：1.做好各班级家长学校的学年度考核工作和暑假安排；2.整理家长学校学年度档案资料的存档工作；3.积极筹备新学年的各项准备工作；4.学校做好校级评选表彰，同时择优推荐参加区级评选。

九月份：1.组织好新学年开学各项工作；2.筹建初一年级家长学校委员会，召开初一年级家长学校委员会会议，讨论家长学校有关问题；3.家长学校开学典礼，组织开展新学年家长学校第一次授课活动，重点是养成教育，家长如何配合教师的任务，如何使学生迈好入学的第一步；4.在家长的配合下，组织初一年级新生教育教学常规训练（开学前）。

十月份：1.组织开展"我爱家乡"手抄报评选活动；2.组织学生参加语言文字社会调查实践活动；3.举办家长学校第一次集中授课活动。

十一月份：1.召开各年级家长会；2.组织开展一次家访活动。

十二月份：1.组织开展一次学生社会实践活动；2.认真做好

2016 年度家长学校工作总结；3. 在分析总结本年度家长学校工作的基础上，思考 2017 年度家长学校工作计划。

（三）家长会

家长会是学校教育与家庭教育协调融合的有效形式，是学校教育教学工作的重要组成部分，包括年级家长会、分校家长会、班级家长会和分层次家长会。通过召开家长会，可以把学校的管理理念和管理措施展示给家长，获得家长对学校各项工作的理解和支持，并提升学校在社会上的影响力；使家长全面了解班级管理的各项制度和要求并做好配合工作；通过老师与家长的相互沟通，家长和教师都可以进一步加深对学生的了解，从而提高教育的针对性和有效性；让家长了解先进教育改革信息，提高家教的科学性。

一次成功的家长会有利于增强家校之间的沟通联系，提高家长对教育的重视程度，形成家校教育同步化，发挥合力作用，同时能最大限度地消除和避免老师和家长之间的误解，增进家长对学校工作安排的信任，为学校的教育教学工作打下基础。

召开家长会的基本原则是有利于素质教育，有利于教师与家长、学生的相互交流与协作，有利于孩子身心健康发展，有利于提高认识、统一思想，达到家长和学校对孩子教育目标的认同。家校共筑良好教育环境，让学生更好地成长，让家长和老师共同担负起全人教育的责任。

家长会筹备会 家长会成功召开的前提是家长会筹备会（简称筹备会）的提前布局。筹备会的主要任务是为开好家长会做足准备，进行统一思想、明确目的，拟定家长会主题，通常要为召开家长会进行两方面的内容准备：一是向家长通报开学以来的班级主要工作及成效；二是提出下一步的工作设想及对家长们的建议。筹备会上，负责年级的分管校长对家长会进行整体部署，班主任作主要发言，讨论召开家长会的板块、形式、内容，大家集思广益提出意见和建议，确定家长会的主题和方案。

案例3

茌平实验中学2016年春季家长会工作方案（节选）

三、各部门具体工作的安排

校长：1.学校文化布局总策划；2.致家长的一封信；校报的总策划、出版；3.学校近期工作汇报；介绍新教育思想及学校将要实施的工作计划；4.解答家长咨询的有关问题。

教学副校长：1.发放《致家长的一封信》；2.主要负责师生的组稿工作；3.初审稿件；4.家长会的欢迎致辞；5.负责接待家长，解答家长提出有关教学方面的疑问，做好咨询工作；6.巡查各班级家长会的情况。

学生管理副校长、信息化副校长：1.家长会及环境布置，彩旗、欢迎标语；2.发放家长会的登记表与统计工作；3.安排家长会清洁区域的划分、展览物品的摆放、保证安全有序的秩序；4.巡查各班级家长会的情况；5.组织教师对家长会上的发言稿进行交流。

政教处主任：1.负责全年级学生家长会师生作品展览的选定、楼道教室布局及摆放工作；2.文化的设计及内容的选定；3.负责接待家长，解答家长提出有关德育方面的疑问，做好咨询工作；4.负责组织师生优秀稿件及学校刊物的主编及发行工作等。

综治办主任：1.负责来往家长车辆的停放指挥；2.负责学校的安全保卫工作及各路口、门岗、岗位的保卫人员工作安排及培训工作；3.组织学生值日、保洁工作。

大队辅导员：1.主要负责学校鼓号队迎宾；2.学校宣传资料、

校报的发放工作。

办公室主任：负责接待家长代表及嘉宾的接待、咨询工作。

团委书记：1.负责学生校门迎宾工作；2.接待咨询的家长。

信息教师：负责音响控制。

四、家长会的工作流程

1.学生家长进班—签到（班主任负责）—家长参观班级成果—观看学生平时学习情况资料。

2.听取教学副校长致欢迎词（操场或课室）。

3.听取校长讲话（操场或课室）。

4.听取并学习华东师范大学专家家庭教育讲座（报告厅）。

5.班主任召开各班家长会。

6.家长完成问卷调查。

7.老师、家长互动。

8.各班选派优秀家长座谈，成立学校家长委员会。

五、筹备工作安排

1.发放《致家长的一封信》、学校家长会《邀请函》。

2.召开筹备会工作教师专题会议。

3.做好一日开放活动动员和工作安排。

4.1月26日各班主任，语、数、外各位任课教师发言稿上交。

5.1月27日上午向校办提供优秀的学生名单及简介。

6.1月28日各班准备工作就绪，等待学校预检。

7.1月30日展板布置及摆放工作完成。

六、家长会的具体时间及工作安排

1.布置教室。

2.在学生课桌上放学生的作业本、试卷。

3.准备好签到表、记录本。

4.家长会结束后的工作总结。

七、附设

1. 校园文化宣传建设布局。

2. 大会主席台及席位牌的安排。

3. 大会座次表及场地的划分及安排。

4. 宣传标语的条幅、黑板报及电子屏布置。

（四）课堂里的家长席

每个教室后面都有固定的四套桌凳，是为家长进入课堂听评课安排留出来的专席，叫课堂里的家长席。校园里每天都是开放日，课堂也是每堂课都开放，周一到周五家长都可以跟班主任预约进入课堂听课，可以是教师授课课堂也可以是自习课堂，每堂课不能超过四位家长。家长通过跟班主任提前沟通协商，根据学校制定的《听课安排表》选择听课时间，预约后进入课堂听课，课后可以与老师直接交流，并且留下《家长听课意见反馈》，提出宝贵意见和建议。

家长听评课制度实施后，校园里每天都陆续有家长来听课，使家长进课堂常态化、长效化，提高了课堂效率，既能促进教师用心备课，又能鼓励学生高效听课。对于家长而言，可以利于零碎时间了解学校教学情况，避免了工作时间被大块占用，学校也避免了固定开放日导致的大块时间、集中参观耽误日常教学。家长与班主任教师、任课教师以及学生的直接沟通和互动，增进了感情，了解了班级管理情况、教学情况，充分发挥了家校共育的作用。

（五）周二有约

"周二有约"是家长学校的一部分，由政教处组织每周二19点进行时长一小时的讲座。每周一个主题，讲座主题是家委会和学校共同制定的学生成长中的突出问题，家长可以根据自己需要提前跟班主任预约参加，学生不能参加。班主任负责将本班家长名单报到年级，年级汇总到政教处，政教处统一组织，一般不超过200人。讲座形式有经验交流、案例讨论、困惑释疑等。

演讲者可以是优秀教师、优秀家长、外聘专家以及心海扬帆工作室的心理教师等，他们组成教师团队对有需要的家长展开培训，提高家长的综合教育能力，以提高培养学生的能力。政教处负责听课家长的报名工作，还负责下周主题的确定和讲课嘉宾的选定。经常在互动环节，家长们话题聊不完，新的问题也延伸出来了，下周的主题也就确定了。学校将下周主题发到家长群里之后，家长选择主题有针对性地听讲，也会有专长的、优秀的家长报名下一期的嘉宾主讲，形成了不断有问题导出，也不断有答案导入的良性循环。

作为家长学校的一部分，"周二有约"的主要任务就是解决家长管理学生的困惑，进行家庭教育管理方法的沟通，主要课程有：家庭生活环境对学生的影响，与孩子沟通的艺术，怎样共同培养孩子的理想，如何陪同孩子安全度过青春期，少批判与多鼓励的原则，家长引导与示范的作用等。例如，主题有：如何实现后进生转化？怎样调控沉迷手机的现象？如何挑战拖延症？如何教育孩子与异性接触？如何带领孩子做好人生规划等。

"周二有约"几乎场场爆满，家长报名踊跃、热烈参与，既促讲了家长跟教师、专家的学习，又促进了家长之间的沟通交流，提高了家长对家庭教育的认识，也融合了亲子关系，疏通了孩子学习的心情，对指导、帮助家长转变家庭教育观念和共同承担教育孩子的重任起到了有效地推动作用。"周二有约"作为学校的一项常规活动，为家长提供了一个互相沟通共同促进的平台，搭建了家庭与学校之间及时有效交流学习的桥梁，在社会上也引起了强烈反响，受到区政府和相关教育部门的关注，有些科局和社会人员也会来参观学习，取得了良好的社会效果。

案例 4

杜老师谈家庭教育

（一）家教中存在的六大问题

大多数父母认为"听话的孩子"就是好孩子，而有些父母会特别教导小孩必须"清楚地表达自己的意见"，在表达意见时，还鼓励说"不"。不适当的管教之下，塑造出的宝宝让家长疲惫不堪。

问题一　言行不一致

说到做不到，言行不一致会把孩子变成投机主义者。因为他们知道他们能逃避惩罚，他们试图竭尽所能地做到这一点。

问题二　小看和责备

有些父母总是主观地否定孩子的言与行，喜欢拿别的孩子与自己的孩子作比较。长此以往，就会将孩子的积极性、上进心盲目扼杀，而孩子的自尊心和自信心会被无情地摧毁。

问题三　过度保护或溺爱

有些父母对子女的一切大包大揽，连子女力所能及的事情都舍不得让他们做，甚至将子女的活动范围也完全限制在自己的视线内。这种过分的保护，严重影响了孩子身心的正常发展，导致孩子缺乏独立的生活能力，社交困难，缺少自信。

问题四　过于民主

有些父母不管大事小事都寄希望于"晓之以理"，结果是理没谈成，孩子却被惯坏了。孩子（尤其是年纪较小的孩子）缺乏足够的经验和判断力，在生活中有许多地方需要依赖父母的指导，如果对其过于民主，很容易使其变得为所欲为。

问题五　滥用奖罚手段

孩子缺乏是非判断能力，为了帮助其明辨是非，父母应该在平时养成奖惩分明的习惯。孩子如果犯了错误，适度的惩罚是应该的。

问题六　父母意见不一

不少父母缺乏沟通而对教育子女的问题固执己见，甚至在孩子面前公开吵架，这种现象的直接危害是让孩子感到缺乏安全感、不知所措。因此，在孩子面前，父母应注意保持意见一致，切勿互不相让。

（二）父亲在孩子成长过程中的重要角色

俗话说，"母爱如水，父爱如山"。还有一句话更需引起我们的关注，那就是："父爱是造就天才的关键。"

在孩子的成长过程中，父爱和母爱有着各自不同的影响作用。母爱可使子女身体和情感得到健康的发展，父爱则大多表现在教会孩子怎样应付和解决他们遇到的各种人生问题，母爱代表着任性和社会生活情感方面，父爱则往往象征着事业、思想、秩序、冒险和奋斗，代表的是理性方面，其主要是在对孩子成就感的培养。孩子在学校的学习成绩和学习能力也与父亲有关，据有关机构调查数据表明，如果有一位好父亲，则孩子在数学和阅读理解方面的表现就会比较好，在人际关系上会有安全感，自尊心也比较强，更容易与人相处。因此从某种意义上来说，父爱胜过母爱。所以，孩子最理想的人格同时兼具了父爱和母爱两方面的内容。

现在较为普遍的问题是，一些做父亲的往往忽视甚至放弃自己的教育责任，致使孩子所受的父性教育不足。这样的孩子容易形成所谓的"偏阴性格"，即脆弱、胆小、多愁善感、依赖性强、独立性差。鉴于此，专家提出的建议是：父亲应"亲临"教育第一线。这样有利于培养孩子健康人格和自主能力，使孩子更好地适应现实世界和未来社会。

有人说，"一个父亲胜过 100 个教师"，我想提醒所有的父亲：孩子的成长、天才的培养，父亲绝不能走开！

如果你对此心存疑虑，那么以下例子也许会让你坚定此信念。

盖茨的父亲：让孩子从小懂得凭本事挣钱。

世界软件行业巨头微软公司的老总比尔·盖茨出身于美国西雅图一个富裕的律师家庭，他父亲威廉很注重从小培养他"凭本事打拼"的意识。威廉说："重要的是要让孩子知道自己能够赚钱，并且不管做什么事情都要有信心和干劲。"盖茨帮家里做事，父亲总是给予一点小报酬，以此激发他的热情，让他懂得工作是通往幸福的台阶。威廉表示，这样做可以让孩子了解现实社会和外部世界，也可以让孩子了解大家一起劳动，一起追求同一目标的快乐。上私立高中时，盖茨就和朋友一起开发了计算市内交通量的软件，并在竞争中取胜，签订了一份数额不小的合同。后来，学校的负责人雇用他们编制教学计划，盖茨还与人合作，编写了企业的工资系统用的程序。威廉夸奖说："盖茨是通过劳动获取报酬的。"

（三）一定要教会孩子做好学习计划

考试最大的收获不是分数，分数不重要，一次期中考试考得好并不代表中考考得好。考不好的学生也不要气馁，因为这只是说明你这三个月没学好。考试的最大收获是收获了一个学习计划，下面看一下学习计划的流程：

试卷改错—卷面分析—知识漏洞分析—学习方法漏洞分析—漏洞对策分析—落实

为什么要做卷面分析呢？家长看不懂学生的错题不要紧，老师已经把错题改完了，家长跟着错题做卷面分析。举个例子，早晨孩子没洗脸就到学校了，自己脸上有个脏东西他自己看不见，班级的同学看见了，就告诉他"你脸上有脏东西了"。他自己还不相信，怎么办呢？拿出一面小镜子一照，看见了。卷面分析就是小镜子。

下面给大家两面小镜子：

一是学习方法的得失分统计分析。

二是知识结构的得失分统计分析。

不照不知道，一照吓一跳。结果是，从小学一年级考试开始，孩子丢分原因大致相同，一直在采用"自杀式"学习，一直在相同地方摔倒。所以，可以提前两年半就预测到孩子中考的考试丢分原因。能否把中考成绩提高，就看孩子丢分的漏洞能不能缩小，能不能把学习的计划落实下来。

初一、初二这两年，在孩子学习习惯校正的阶段，两个家长陪读时间每周不能低于6个小时，低于6小时的将来你的孩子没有考上大学你不要怪孩子。"种豆者得豆，种瓜者得瓜。"初一和初二这两年太关键了。所以，第一是有时间。第二就是有计划。通过孩子的期末考试试卷、作业本、课堂笔记，对孩子学习习惯测评，帮助孩子制订下一阶段的学习计划，主要是解决四个问题：如何复习、预习、归纳以及如何做课堂笔记。只有制订好学习计划，做事有条理，才能养成良好的学习习惯，取得好的学习成绩。

好多家长平时不管不问孩子的学习，每次考试成绩出来之后，只看成绩，如果成绩考好了，就认为孩子学习好了，如果成绩差了，就大吵大骂一通，这种做法是非常愚蠢的。所以我们当家长的平时一定要多和孩子谈谈心，没考好要找出没考好的原因，考得好也要让孩子总结经验，这才是一个明智家长的做法。

（四）一定要让学生学会整理好课堂笔记

整理好课堂笔记，把平时做错的或考试中错的题整理出来，专门有个错题本，会对学生的学习起到事半功倍的效果。据不完全统计，初中学生中90%以上的学生不做课堂笔记，不会做课堂笔记。尽管老师三番五次的要求，但好多学生仍然不按老师的要求去做，主要有三种表现形式。

第一种：好多学生只是上课时机械地听课，不动笔，只用脑记，成为老师的录音机。

第二种：老师课堂的板书，好多学生没有把老师强调的要点记下来，只是重复着老师的板书。

第三种：还有一部分学生课堂笔记记到了课本上，也是最愚蠢的课堂笔记，还不如不记。"书要越学越薄的"，打个比方，书是原材料，课堂笔记是半成品，课堂笔记要比书薄。前面提到"复习在作业前面"，我们用什么做复习呢？就是课堂笔记。试验表明：用书做复习工具，做完单科复习要20分钟；用课堂笔记做复习工具，每天只需8分钟，这就是学习效率的提高。

怎样记好课堂笔记：

记住"三个点"和"一条线"："三个点"是指听课要抓"重、难、疑"点，课上老师提出的重点、难点，还有就是疑点，要求学生在下课后用一分钟时间标出疑点；"一条线"是整理昨天的知识和今天的关系。

用多种颜色的笔区分：多种不同颜色笔区分多个点。

惯留空白：学生听课时以听为王，课堂笔记要记成大纲类型的笔记，给课后整理留空白，给初三留空白，中考秘籍"一轮复习抓笔记，二轮复习抓错题，三轮复习抓归纳"。

课后整理，字迹工整，每日检查，建立错题本。

如果家长把孩子的作业本当废品给卖了，那对孩子的一生都是一个遗憾。如果把三年的错题归纳到错题本上，那将是家长送给孩子一生当中最昂贵的礼物。

孩子做作业时，家长陪读时，要完成对错题本的整理。

什么样的格式才是最完美的：

1.年月日；2.原题；3.错解。按照这三个格式把孩子前一天的错题和当天30分钟做不出来的题，记录在错题本上。周末的时候做错题分析：①分析错误的原因；②学会正确的解法。平时做作业禁止一道题花30分钟，而周末花3小时也要自己解。因为作业主要检查孩子的应试能力，而错题本主要完成查缺补漏。

错题本，错题是个宝，天天不要少，每个周末搞，积累为大考。

二轮复习抓错题。绝大多数初三学生二轮复习抓不起来。一个人如果不知道自己哪没学好，怎么复习呢？所以错题本相当于飞机的导航灯一样，指明前进的方向，指引自己查缺补漏。

文科积累性很强，每周末找个本子完成音、字、词、句的归纳。进行分类整理。自学可以哪有问题补哪里。

归纳：文科积累呈层状，分类整理看数量，理科整理呈树状，正确习题练思路。文科学得好的孩子，数量感很强，积累越多，作文越好。所以一定要教会学生做好课堂笔记，让他们正确认识到课堂笔记在学习中的重要性。

（五）和家长沟通孩子做作业的习惯

讲到做作业的习惯，有的同学考试的成绩没有作业的成绩好，就说考试没考好。其实是做作业的习惯出现问题。看看是否有以下问题：

1.每天晚上做作业时遇到不会做的题向同学询问。

2.每天晚上不看表，没有时间控制。

3.每天晚上习题失控，做一道题经常花30分钟以上。

4.每天晚上遇到的难题、错题处理不干净，没有错题本。

5.每天晚上做作业前不复习，做作业时把书打开就做作业。

6.每天晚上做作业时吃零食。

7. 每天晚上做作业时打电话。

这些状况说明孩子的集中注意力方面出现了问题。有的孩子说做作业时听音乐是最有效率的，你千万别相信他。孩子注意力不集中，考试时容易因粗心丢分。粗心是永远也治不好的，但可以用教育方法控制。

（六）如果这样做一定能让你的孩子学习更好

1. 学习的"三要素"

家长在教育孩子时，首先要规范其行为，养成良好的学习习惯和行为。用1个月的时间让你的孩子养成以下习惯：

（1）在上新课之前有效地先预习将要学的内容。

（2）在做作业之前让孩子先复习再做作业。

（3）在孩子做完作业之后让孩子记录做作业用的时间。

2. 家长做好"八大环节"的管理

（1）计划管理：要让孩子制定好整个学习计划（什么时间学什么的计划表）。

（2）预习管理：要让孩子进行课前预习，找到不明白的地方，并在预习笔记本上记下重点和难点，上课时重点解决这些重点和难点。预习的时间不要太长，一般只需7～10分钟找到重点和难点，并记录下来就行了。

（3）听课管理：家长要同孩子沟通，不要因讨厌某个老师，或喜欢某个老师，导致偏科。听课要跟着老师思路走，将自己预习记录本上记录的重点和难点听懂并记忆在脑子里。

（4）复习管理：一是让孩子闭目回想老师当天讲了些什么；二是看书本复习；三是让孩子复述所学内容（自己讲给自己听）。每隔一段时间（20天左右）提醒孩子复习，这样才能记牢固。

（5）作业管理：在做作业之前必须要孩子先复习后再做作业。

要做到：

①不复习不做作业：做作业前必须先复习。

②不计时不做作业：做作业用了多少时间一定要让孩子记下来。

③不检查不做作业：作业做完一定要让孩子自己检查作业有无错漏。

④不小结不做作业：作业做完一定要让孩子写小结，学到了什么。

在孩子做完作业之后再让孩子将做作业用了多少时间记录下来。要限时学习，学习时间不要太长。

（6）错题管理：要让孩子准备一个"错题管理本"，将错题记录下来，写明做错的原因，再将正确的解答方法记录下来，将举一反三的解题方法都记上，并归纳提醒。

（7）难题管理：要让孩子准备一个"难题管理本"，将难题解答方法以及举一反三的解题方法记录下来，并归纳提醒。在解难题时要让孩子先做，在20多分钟都解不了的题，允许孩子可以问其他人，弄懂其解答原理。

（8）考试管理：除学校考试外，在20天左右再让孩子做一次考试题。做完题后家长一定要检查，帮助孩子分析试卷，错的一定要找出错的原因，并写到错题本上，过一段时间之后再拿出来看一看，特别是每次考试之前一定要复习一遍，能起到事半功倍的效果。

（七）和家长探讨一些优秀孩子的学习方法

1. 一定要让孩子学会自学

做个游戏，家长用筷子喂孩子吃一顿饭，直到他厌烦为止，他要吃咸的就给他吃淡的，要吃甜的就给他苦的。自学，就是要养成自己吃饭的能力。

2. 学习是有规律的思维劳动，不是体力劳动，与时间不成

比例

注意以下问题：

（1）学习方法和基础知识是造成学习成绩差异的根本原因。

（2）被动学习是造成学生学习效率不高的原因。从初中开始要求每天自学占40%以上。

（3）学习盲目是中游学生最困惑的问题。尖子生与中等生根本差别是什么呢？基础不差，主要是学习方法。

3. 学习方法和基础知识是学习成绩的构成要素

学习成绩下滑后，家长给孩子找个辅导班，短期内学习成绩得到改善，实际上只是改善了孩子的基础知识，而学习方法在辅导班是学不到的。辅导班对学生的学习方法是致命的摧毁。特别是初一年级，是方法教育的关键一年。孩子学习犹如盖一栋楼，这栋楼第一层没盖好的话就会越盖越歪。在初一先忍住不上辅导班，实在不行再改正还来得及。比如，孩子得了感冒，到了医院不管不顾就给插了一根很粗的管子，花很多钱，打最好的药，很快感冒好了，可结果发现孩子的抵抗力没有了。

4. 通过学习方法去改善基础知识

通过研究学生的认知系数，得到认知策略：小学三年级和高二的认知相关系数为0.82，初一与高三成绩相关系数达0.90。也就是说：学生高三成绩在8年前有82%是可以预测的。看的就是学习习惯。一个学生在小学三年级时养成的学习习惯，在初一时掌握的学习方法，直接决定高三的学习成绩。另外，学生的学习成绩25%变化取决于非智力性因素：意志力是否坚强，是否喜欢学习，是否喜欢老师教的课等。

5. 初中学生学习成绩下滑原因：

（1）动机与兴趣方面

如果孩子表现为，学习不认真，注意力不集中、意志力差、懒惰、贪玩、应付作业，那么他学习成绩下滑的原因就是动机和兴趣方面的原因。这类原因是辅导班纠正不了的，只有家长能解决。如果是这类原因就不要上辅导班。

（2）学习方法和基础方面

表现为：学习刻苦，题海战，学习力不从心，学习无计划。

有好多高中生，由于初中基础没学好，高中想学学不动。

6. 性格与学习成绩的关系

小学时外倾向的孩子成绩好，初中生性格影响比较模糊。一般来说，内倾向的男生和外倾向的女生会成为尖子生。

初一年级、高一年级的期末考试成绩对中、高考成绩起决定性作用，初一年级是方法教育的第一步，很关键，一定要走好。性格因素不是直接的。所以，一定要在初中阶段好好培养孩子的学习习惯，养成好的学习习惯是走向成功的第一步。

（八）谈谈我的飞信交流平台

为了和家长建立沟通和联系，我建立了家校联系飞信平台，经过一段时间的运行，发挥了很大的作用。我每天把各科教师布置的作业发到学生家长的手机上，家长一目了然，在家自觉监督孩子做作业，起到了长期以来家长无从下手管孩子的问题，取得了意想不到的效果，解决了长期以来教师和家长不好沟通的难题。

开始时很多家长不愿意加入飞信，等加入以后，他们每天收到我的信息，及时了解孩子在校表现情况，非常高兴，爱不释手，真正使教师和家长实现了学生管理上的思想统一和步调一致。除了发各科教师布置的作业，我还把学校开展一些重大活动、比赛，以及作息时间的变更等重要的信息发到家长手机上。除了公共信息，还可以把部分学生在校的表现单独发到家长的手机上，与家长的联系越来越密切。

总之，我们在教学管理中，要善于动脑筋，及时发现问题，善于反思，多和家长建立联系的渠道，能达到事半功倍的效果。

（九）致家长朋友的一封信

尊敬的各位家长朋友：

"五一"将至，请收下我们最诚挚的节日问候，祝一直为孩子辛苦忙碌的您节日快乐！

家长学校开办几年来，结合具体的讲座与活动，我们有了更多的交流与探讨，慢慢成为朋友。我经常接到很多家长打来的电话，或咨询家教方面的问题，或聊自己的家教体验，让我收获多多，感想也多多。感谢这些朋友们的信赖与支持，我们将更加努力做好这方面的工作，使家校合作更密切，更好地为孩子们的成功助力。为便于联系，除开通热线电话和设置网络邮箱外，我们已在QQ、微信和飞信平台上构建了"茌平实验中学家长群"，期待更多的家长朋友加入其中，一起探讨，一起成长。

我们实验中学建立的这几个沟通平台成为平时或假期我们信息传递的桥梁，让相关的信息得以及时的传递。同时，我也想借助电话或短信的方式与大家多一些交流，向您传递一些家教的理念或技巧，也免除您奔波听课之苦。当然，我还热切期待着您的来信，一方面给我更多的建议和启示，另一方面将您的体验与大家分享。

这次我想跟您聊的是月考考试结束后与孩子沟通的问题。月考考试结束意味着什么呢？它是一段学习的终结，更是新的一页的开启。此时此刻，我们应当给孩子怎样的礼物呢？当然是积极的沟通。

我常听到一些朋友的感叹："孩子长大了，就不听我们的话了。"其实，这主要是父母与孩子缺少沟通所致。沟通，是指通过谈话或其他方式进行相互了解。人与人之间，当然也包括父母与子女之间，都需要沟通，需要了解和谅解，才能更融洽地生活。

应该说，沟通是每位做父母的都应学会的一门艺术。

孩子在幼小时，由于比较幼稚、简单，对父母的依赖性较强，许多事情要对父母讲；父母对孩子也倾注了较多的关心和爱护，所以这时相互间的沟通一般问题不大。当孩子逐渐长大，知识面增大，尤其是进入青春期后，他开始学会自己观察、思考，对一些问题有了自己的看法，有时就觉得有些事情没有必要跟父母说，这样父母对孩子就会缺乏了解，如不进行及时的沟通就会慢慢产生隔阂，甚至趋向冷漠。

那么，我们怎样与孩子沟通呢？有人曾用"先做父母，再做朋友"这句话概括亲子沟通的技巧，这是很有道理的。父母与子女之间的关系如果做朋友的话，就应该成为能相互理解、相互信任、相互帮助的知心朋友。但是一般来说，父母对孩子总是处在长辈或指导者的地位，是不平等的。对于长大了的孩子而言，他们有着自己的思想和看法，这种不平等的相处就会造成父母与子女沟通上的障碍。我们必须了解，只有平等相处，子女才有可能向父母袒露心声，父母也才能对孩子进行适当的指导。有的人埋怨自己的孩子说假话、品质不好，他恰恰忘了这些毛病正是他行为粗暴、常常训斥孩子带来的"副产物"。当一个孩子能与自己的父母建立平等的亲密关系后，他的行为言谈自然会渐渐变得高雅，他的性格也会开朗、乐观、豁达，在今后面临人生种种挑战时，也会表现得更为勇敢、自信。

考试会给孩子带来一系列的情绪反应，这恰恰是我们与孩子沟通的好机会，您准备好了吗？读读上面的这篇推荐文章，再好好与孩子聊聊吧。相信这次的沟通一定是愉快和谐的。

此致

敬礼

初二（3）班班主任：杜永泉

（六）家长讲坛

家长讲坛是家长走进校园，走向讲台，以教师的身份，跟孩子们讲一讲他的工作、他的阅历。根据学校每个时期的德育大主题，家长自愿报名，参加学校的国旗下演讲、课前 10 分钟演讲、主题班会等活动，由政教处和班主任具体负责。如果说"周二有约"是家长们之间的集中沟通与交流，那么家长讲坛就是家长们走进校园跟同学们面对面的一场经验交流会。

全人教育是全员参与、全程参与的大教育，三千余名学生的身后站着六千多位家长，这些家长有医生、有警察、有消防员，有科研人员，有各个行业的工作人员，他们从事着各种各样不同的职业，在不同的行业为祖国贡献着力量，他们有对专业知识的深刻认识和丰富的从业经验，这些都是学校教育的宝贵财富。每个事件都是历练，每个组织都是平台。家长们走进教室、走向讲台，把他们的所知、所学、所感、所悟跟同学们讲一讲，不仅增进了家长和学生的关系，增强了他们的荣誉感和自豪感，而且充分利用了社会资源，渗透了社会教育，开阔了学生的视野和思维。通过家长和学生共同参与，学生得到感悟和体会，从而内化成自己的认识和人生观点。家庭教育作为学校教育的坚强后盾和有力补充，家长讲坛让家长从幕后走到台前，实现了学校教育和家庭教育、社会教育的有机融合，实现了培育全人的办学目标。

家长是教师的同盟，是教育的重要力量。在学校，教师是学生的家长，如果让每一名优秀成功的家长也成为学校的教师，家校共育的工程就做好了。育人先为人，为教常为学，为师必走心。创新家校共育模式，探索家庭、学校、社会三位一体的教育体系，需要学校的顶层设计、家长的言传身教、教师的谆谆教导，才能形成家校合力，培育出身体健康、人格健全、志向高远、知识丰富、将来能贡献社会的现代公民，才能实现家校共育的共同目标和大教育观。

案例 5

好父母，好家教

——初三（7）班李一然家长的主题班会发言

尊敬的各位老师、亲爱的众位家长及同学们：

大家上午好。

我是李一然同学的爸爸，今天我有幸在此同各位进行交流与学习，衷心希望我们的共鸣有益于孩子们的学习与成长。

在我们家长和老师的眼里，孩子们都是最优秀的，首先我作为李一然同学的家长，我为李一然各方面的表现而自豪，同时向为孩子们的学习与成长付出辛勤劳动的老师们致以崇高的敬意，尊敬的老师，您辛苦了。

李一然入校时第一次摸底考试年级排名在300多名，后来的考试中有过年级第一名、第二名，也有过三四十名，总之有起有伏。现在我就对孩子的学习与教育谈一下我的切身体会。

1. 树立良好的家教观念

在我们眼里，孩子是第一位的，望子成龙，望女成凤，我们今天所有的奋斗都是为了孩子们，但是我们不应忘了孩子首先要成人，然后再成才，有才无德的孩子是我们最不希望的。我和李一然的妈妈在李一然小时候就达成共识，家庭琐碎之事、社会的不良现象尽量不当着孩子的面谈论，要给孩子一个积极向上的态度。我和他妈妈平时也很注意自己的言行，孩子对的要及时表扬鼓励，错的，一般保持沉默或稍加提醒，原则性的问题要严加纠改。现在的孩子大多有自己的是非观念，做错了他们会自责的，我们不用过多指责他们，更不能呵斥孩子，要尊重孩子，让他们自觉改正自己的错误。最近，李一然的奶奶正在医院养病，周末我就带着他去聊城看望老人，一是给老人带去快乐，有助于恢复健康；二是给他一个暗示：我对我的母亲非常牵挂，潜移默化培养孩子的孝心。

2. 培养孩子良好的学习兴趣

在学习上，我们注重培养孩子以学习为乐趣，以学习为动力，认识到自己是一名学生，既要快乐生活又要快乐学习。

我们认为，培养孩子良好的学习习惯至关重要。第一，课堂学习最重要，一定要掌握好课堂 40 分钟。第二，课下漫不经心学习一个小时，不如集中精力学上 15 分钟，要提高学习效率。我们对他平时的考试成绩没有表现出过多的关注，而是关心他平时的学习态度及学习方法。我们常对他说：考试成绩不是最重要的，关键是你努力了吗？考试时你认真了吗？态度决定一切，细节决定成败。每次考完试总是提醒他认真总结：哪些是自己真会的，哪些是似是而非的，哪些是自己真不会的，不会的一定要及时弄懂。对他的学习我们都是从侧面引导，不会过多干涉，心情浮躁时可以让他尽情玩耍，但平时十分注重他的心态，让他养成良好的学习兴趣。

3. 多留心孩子学校之外的生活表现

在平时的生活中我们很留心孩子的生活表现，生活中让他感受到父母对他的爱，对他一般的要求都可以尽量满足（根据自己的客观条件），培养他对家、对父母的感性认识。对他过分的要求我们都是多方引导或间接提醒而不是直接回绝，既尊重孩子的个性要求又要注重他的其他倾向，注重他的交友质量以及对社会的认知感，培养他良好的价值观。

4. 多与老师沟通，关注孩子的综合表现

通过孩子在家的表现以及我们了解他在学校的情况，我们都要及时与老师沟通，做到老师、家长、孩子三结合，从各方面关注孩子的成长与学习。现在我们和他交流不是简单直接，而是注重方式方法。

总之，对孩子的教育我认为我们要自我认识，从我做起，和孩子一起学习一起快乐，教育孩子不能急于求成，要潜移默化。我说的好与不好，都是一家之谈，我所说的我自己也不一定都能做到，关键是我们能认识到并尽力去做，我们各有各的情况，不能一概而论，但我们今天都是为我们的孩子而来，为他们的明天而来，也为我们的后天而来，希望我们能同享交流，一起共鸣，谢谢大家！

（七）家长方阵

家长方阵就是学校各种活动里的家长身影，他们是运动会、现场会、校园建设、评优评比等各种校园活动中的主体，发挥着重要作用。

运动会上的家长方阵　一年一度的运动会开幕式上有一个队伍是 100 名家长组成的方阵，他们步伐坚定、气宇轩昂，展现着家长的良好风貌，展示着家校共育的教育理念。运动会上的节目除了学生运动员竞赛外，还有一部分是亲子项目，比如拔河比赛、亲子运球、家长接力等，都需要家长之间或者家长和学生共同参加。

国庆 70 周年家长的歌唱方阵　学校组织的国庆 70 周年唱响"我和我的祖国"节目上，教师、学生、家长各自组成方阵在学校的不同地方唱响。操场上是学生方阵，操场两边是教师方阵，餐厅里是生活科方阵，教室里是女老师的红裙子方阵，办公室里是男老师的黑色西服方阵，校门口是保卫科方阵，学校的大路上是家长的一字长蛇阵……随着音乐响起，校园里各个地方大家都唱响起来，家长也是唱响校园的一个重要方阵，这一活动被拍成视频宣传片在市电视台科教频道进行了播放。

评选文明教室的评委方阵 文明教室的评选通常在周六上午进行，评委由家长担任，学校 60 多个班由三个年级构成，家长实行回避制，即回避自己孩子的年级，然后被分为三组。比如，初三年级的家长评选初二年级，初二年级的家长评选初一年级，初一年级的家长评选初三年级。根据政教处制定的标准，评委家长在认真研究、进行学习后，逐项打分，当场汇总成绩，直接向全校公布，这是教室文化打造的一部分。这种公开、公平、公正的评选方式使家长参与到班级管理中来，使班级管理水平得到了很大的提升。

建设校园书店的建议方阵 校园内的远航书店在动工之前，学校通过家委会向广大学生家长征集了思路和建议，充分参考家长的意见进行了设计。书店内的咖啡角、自习室等多元文化空间设计，以及不同家庭之间的图书交换都是家长提的宝贵意见。平时图书能做到"常换常新"，整个书店都是满员状态，很多家庭来到这里进行亲子阅读，辐射带动了打造全民阅读的全新文化业态。

学生餐厅菜谱的指导方阵 学校菜谱的设计理念是营养均衡，每天的饭菜每顿都不重样，饭菜根据季节和时令进行调整。为提高饭菜质量、丰富饭菜种类，学校引入了家长参与学校餐厅饭菜管理的制度。学校通过每周公开饭菜信息，让家长了解学校饭菜的情况，促进家长提出意见和建议，生活科进行修改、完善后推出下周菜谱。

家庭教育现场会上的服务和演出方阵 在学校召开的聊城市家庭教育现场会上，家长的服务方阵和演出方阵充分彰显了家校共育的成果，将家校共育的一些做法向全市进行了汇报和推广。学校与家长联合工作，家长的服务方阵统一志愿者服装，负责人校、签到、引导、会场服务、用餐接待等全部流程。现场会的重头戏是汇报演出，演出全体演员也都是本校的教师、家长和学生。例如，《一堂家庭教育课》是老师和家长演出的情景剧，《游子吟》是家长和学生的诗联诵伴舞，《父子》是父子对唱，《相亲相爱一家人》是一个家庭的合唱，还有妈妈团群舞等，所有与家长相关节目均由家长的演出方阵参演。

另外，在学校组织的一些亲子活动和家庭作业中，例如亲子共同制定人生规划的"理想树"、亲子共同制定课桌文化的座左铭、陈列在科技馆内的亲子制作、拓展黑板上的亲子主题走廊文化、家校交流的 QQ 群和微信群等，都活跃着家长方阵的身影。

第七章

学校治理经典案例

本章主要包括两个案例。绝境求生——王老中学的飞跃，是以王老中学为案例；稳步超越——博平中学的蜕变，是以博平中学为案例。两个案例分别呈现了机制兴校的具体实践。

笔者在王老中学的任职时间是2003—2005年，这所学校是典型乡镇中学实现逆袭的代表，最初办学条件较差、教师和学生数量都不多、成绩很差，是一个偏远的乡镇中学。笔者在博平中学的任职时间是2005—2013年，这所学校是大校乱校变强校的典型代表，最初的矛盾主要是学校的思想精神现状满足不了学校质量快速提升的发展需求。

一、绝境求生
——王老中学的飞跃

仅用两年的时间，王老中学就摆脱困境，走出低谷，步入快车道，全区21所中学中排名倒数第一的学校变成了全区第一，实现超常规、跳跃式发展，成为全区学校的一面旗帜。

王老中学首先进行了硬件改造，截流学生保住了生源，通过优化精减干部队伍和提拔优秀教师建立健全了干部的培养和选拔机制，设置挑战性目标，在民主决策、制度管理的基础上，对教师进行人性化管理，是王老中学绝处逆袭之根源。

王老中学是一所地处偏远的乡镇中学，全校教师50余人，学生800余人，办学条件落后，供电供水设施陈旧、线路严重老化，阴雨天容易漏电跳闸，无法保证正常的教学秩序和生活秩序，甚至存在很大的安全隐患。学校有时停水断水，学生正常的饮用水和洗漱用水都不能保证。校内宿舍紧缺，有一部分学生是住在校园外租赁的房屋，学校又紧邻省道，来往车辆繁多，上下学路上非常危险，另外学校负债累累，难以维持日常开销，甚至学校大门口自己的水泥校名残缺了，都没有钱修补。

由于王老乡政府的撤离，教师人心涣散，师资流失严重，仅2003年一年教师外流10余人，而且多为教学成绩优秀的骨干教师。因为学校地理位置远离城区，很多教师家住城区内，属于走教状态，希望到城里的学校教书，人心涣散。大批量的学生也跟随教师向周边强校流动，有时一个暑假会流失百余人，其中很多是成绩优秀的学生。还有一部分学生和家长也持观望态度，课堂教学效率低下，是典型的满堂灌。这种情况下，学校整体考核为全区倒数第一，而且与倒数第二的差距甚大，最为严重的是，新初三升级考试的成绩也是全区倒数第一，为第二年的中考造成极大的压力。

在这种情况下，学校领导班子坚定了依靠教职工办学、上下齐心协力、精诚团结、扎实苦干的工作理念，确定了"困境中求生存，实干中谋发展"的工作思路。

（一）硬件改造

学校积极争取当地政府、企业、教育局、财政局等部门支持，尽最大可能改善了办学条件，并通过区电业公司投资，成功完成了电路改造。学校投资安装了锅炉、大型水罐等设施设备，建起自备水源，彻底解决了学生饮水难和用水难的问题。同时还争取到了邻近的地税分局搬迁后留下的办公楼并在办公楼顶立上了大大的校牌。极大地改善了教师的办公条件，也鼓舞了士气，从根本上通过房产资源的重新配置一举解决了学生的住宿问题，改善了教学环境和生活条件，消除了安全隐患，加强了学生管理工作，还为接下来创建规范化学校奠定了基础。

（二）截流学生

五道防线 当时学籍管理较不规范，学生流失现象严重，即使学校关上校门，也会有学生把课本、桌凳、生活用品等从校墙扔出去，家长在外面接应的情况。鉴于此，开学之初，校委会研究后做出了"不抓教学成绩抓截流"——集中精力做好学生截流工作的决定。因此，设置了截流学生的五道防线，构建了由任课教师、班主任、年级主任、业务校长、校长组成的五道防线，提出了"绝不轻言放弃"的口号，用真挚的感情感染学生，凭扎实的工作征服家长，靠过硬的管理赢得社会的认可。

第一道防线：根据所有学生名单按居住区域分成小组，发动所有的教师负责自己家附近的小组，走家入户做工作，让学生和家长对新一届领导班子充满信心。

第二道防线：根据分班情况，实行班主任承包制，结合本班任课教师走访入户情况做工作。

第三道防线：年级主任要把任课教师、班主任做不下来的工作，亲自上门去做。

第四道防线：副校长亲自到学生家里做工作。

第五道防线：校长亲自到学生家里做工作。同时，校长拜访了王老中学周边的学校校长，争取让他们不要接收王老中学辖区的学生。虽然面对的是重重困难和层层阻力，但通过教师们不懈的努力和五道防线的层层截流，终于在新领导班子上任的第一年开学前有效地制止了学生流失的情况。在第二年，甚至出现了学生"回流"，实现了流失率的负增长，成为教学优胜单位。

案例 1

截流学生

青年女教师高老师已经怀孕 8 个多月了，王老中学新一届领导班子的果断决策和过硬执行力让她对未来工作充满了信心。她拖着笨重的身子，和其他老师一样推着自行车走村入户，走进学生家中，和学生、家长谈心。学生家长非常感动，不仅当场立即保证孩子到王老中学读书，还非要留她吃饭。当时王老中学教师们的做法感动了学生，感动了家长，感动了王老辖区的老百姓，也感动了上级领导和社会各界的朋友。

（三）加强领导班子建设

学校从全区最后一名到正数第一名，取得巨大进步和优异成绩的背后，甘苦备尝，只有从未睡过一个完整觉的学校领导班子才知道每一步经历了多少艰辛。领导干部成员的素质，在一定程度上直接决定着学校的发展质量。2003年暑假，新一届领导班子上任后，直接面临的最大问题之一就是原领导班子成员能力有所欠缺、错位上岗严重，导致学校管理工作极为被动。学校在原来校长、业务校长都被调走后，三个年级主任中有两位自己所教学科成绩居全年级倒数第一，教务主任所教学科成绩也在年级倒数，根本不能胜任指导教学和服务教学的工作。

新一届领导班子上任后，中层领导的聘任是当务之急。这种情况下，在第一次全体中层及以上领导干部会议上，学校明确了如下会议精神：第一，各岗位立下工作目标；第二，各个岗位的领导一个不动，但工作标准不能打折；第三，提出各岗位工作目标的最高标准；第四，对于工作能力不足、不能胜任者不辞聘，而是进行培养、强化培训，进行一对一辅导，如果一年中培养没有效果再辞聘。在接下来的工作中，学校进一步加强领导班子队伍建设和思想建设，打造甘于吃苦、乐于奉献的干部队伍和爱岗敬业、勇于拼搏的教师群体。学校更加注重满足教师的成长需要，让每一个教师都拥有展露身手的机会、发挥潜能的空间和获取成功的体验，进而挖掘优秀人才，参与学校管理，用最优人才实现最优管理。

领导是基础，思想是关键，制度是保障，人尽其才、才尽其用是学校管理的根本。通过合理的选人、用人，才能实现学校管理资源的最大化和最优化，才能调动全体教职工的积极性。在领导工作中，人的能力、精力都是有限的，学校的条件和可以支配的空间、时间等客观条件也是有限的，所以如何使有限的资源发挥出最高的效率，这就要求校长必须提高自己的选人和用人能力。管理工作的实质就是做好人的工作，包括下属的管理工作，也包括从下属中发现人才、选拔人才、使用人才、培养人才的工作。

如何提升领导能力？作为校长首先要结合学校实际情况提升领导班子的领导能力和管理水平。领导能力是一种统领人的综合能力，它由两个主体构成：一是领导者；二是追随者。有心甘情愿追随者的领导，就是有领导能力的，追随者越多，领导能力越强。领导能力不是领导权力，权力只是一种组织形式，而能力是领导者自我修养形成的内在品质和个人魅力，权力是领导力量的暂时行为，而能力是领导力量的长远保证。

2004年暑假，学校再次提拔四名德才兼备的教师担任中层，并进行了新一届领导班子的岗位调整。在王老中学改变落后、拒绝平庸的艰苦奋斗过程中，他们摒弃私心、抛开杂念、群策群力、鞠躬尽瘁、成就自己也成就了学校的卓越。

案例 2

王老中学领导干部评价表

你认为下列干部属于哪种类型？请分别选一种至两种填在姓名后面的表格内。如认为所列六种类型（独当一面型，维护大局型，稳字当头型，得过且过型，自由散漫型，制造矛盾型）均不适当，可自己概括总结。

姓名	类型

推荐一名德才兼备，甘心为王老中学的发展吃苦奉献，不辞劳苦献计献策的中层干部。

姓名：

理由：

个人签名：

×年×月×日

案例3

青年教师的成长

青年教师韩老师，因为学历不占优势，上班后一直在后勤当电工。新班子到任后，发现他对数学有浓厚的兴趣，又恰逢数学师资紧张，便决定让他去教数学。这一安排极大地激发了他的工作热情，他又主动提出担任班主任工作。于是，他非常勤奋努力，每天都在学生起床半小时前到教室，在学生入睡半小时后才回家。2003年12月，他因感冒引起肺炎，高烧不退、咳嗽不止，学校派车拉着他到医院诊治，可他说什么也不住院，而是取了药回来晚上在家里输液，照常关注班级早操和宿舍情况，从未耽误过一节课。学年终，他的个人教学成绩和班级成绩均是年级第一名，并被评为区优秀教师和优秀班主任，之后被提拔到中层领导岗位，担任初三年级主任。这就是信任的力量，从自卑到自信，教师的成长和历练需要组织的信任和托付。

青年教师刘老师，是政教处的一名管理教师，刚开始他认为学生管理工作只是粗暴简单的罚站和机械的值班，需要的时候也不敢在学生面前讲话，于是新任校长给他下了硬性任务：早操的时候，要在全体学生面前讲话，否则撤职。于是，他做到了，而且讲得很好，受到了很大的肯定和鼓励。现在，他已经是一名优秀的中学校长。从那时起，刘老师逐渐开始了他的成长和蜕变——由原来粗暴的体罚、简单的说教、只会事后处理的青涩政教处教师，变成了一个能给学生管理建章立制、建立德育架构体系、能事前预防的成熟的中学校长。

从平庸到卓越，所有教师思想和能力的升华与提高使整个王老中学发生了质变和飞跃。

（四）设置挑战性目标

新领导班子上任伊始，面对学校倒数第一的境况，确定了学年末学校整体考核成绩要到中游的目标。经过一年的努力，王老中学取得了教学成绩全区第四的成绩，走出了困境，超额实现了之前制定的目标，成为优胜单位。那么，下一学年的目标怎么定？校长办公会研究决定，下一年的目标要更高、更远——2005年中考升学率全区第一。于是，王老中学实现了从2003年教学成绩、综合考核成绩全区21所中学倒数第一，到2004年教学成绩第四、综合考核成绩中上游，再到2005年教学成绩、综合考核成绩都是全区第一，优秀率、平均分、进步幅度都是第一的飞跃。他们都做到了！

低平的目标，一定不会有突出的成绩。一个明确的、有挑战性的目标会带来更多的创造性和可能性，会更大程度激发个人和团队的努力和潜力，使士气高涨，完成快速成长和进步。有目标才会有思路，有执行才会有动力，去做就会有方法。所以，制定一个具有挑战性的目标，对激发团队内驱力具有巨大作用，对于个人和整体都是挑战性的目标，也会带来个人和整体的飞速发展。

案例4

第一年要到中游

第一年英语备课组组长陈老师的个人英语成绩在全区排名第21位（倒数第一），组内其他老师的成绩也是倒数。当学校把中考目标定为全区中游的时候，大家都不接受，认为这是不可能的事。当时，老师们既没有思路，也没有信心。校长一拍桌子，说："王老中学的水咸是客观，但王老中学的成绩差一定不是客观，明天我们外出学习！"

第二天，老师们去了杜郎口中学，深切地感受到课堂的主人是学生，课堂效率就要充分发挥学生的主体性。

第三天，老师们去了郝集中学，认真学习了大容量、快节奏的教学模式，深受启发。

第四天，老师们把这两个学校进行对比教研，研究出王老中学自己的英语课堂教学模式。

之后王老中学和居于区教学成绩前列的温陈中学进行了赛课，开展了轰轰烈烈的课堂教学改革。那一年，王老中学的中考成绩位居全区第四，陈老师的英语成绩为全区第一，其他老师的成绩也居于全区前列，英语组超额完成了原定目标。

（五）一诺千金

建章立制是基础，制度的执行最关键，执行的力度取决于决策是否民主，是否得民心。一项民主的决策，执行起来也是顺畅的。制度在落实的过程中要做到说话算数、一诺千金。2003年暑假，新领导班子上任伊始，给教师们作出了四项承诺且均一一兑现：第一，绩效工资不再从教师的工资里扣除；第二，尽快出台考核制度，让大家的工作有方向；第三，加大教学投入，倾斜毕业班；第四，争取外援，加大投入，改善办学条件。

当宣布承诺废除每年扣除教师的浮动工资作为绩效工资这项规定时，话音未落，会场已掌声雷动，久久不能平息，当时教师们激动的心情溢于言表，可见一个顺乎民心的决策会给工作带来多么大的积极性。学校说到了，也做到了。诚信者，天下之结也。说一句，算一句，句句算数，才能干一件，成一件，件件落实。一个守信的领导集体一定会得到教师们的响应，一诺千金并不仅仅是对教师利益的承诺兑现，更体现出领导班子推动工作大刀阔斧的强硬风格和雷厉风行的认真态度，领导班子表现出的胆识、魄力和勇气也会带动大家及时调整自己的思维和做事方式，那么一个团队的凝聚力和执行力也就有了。与此同时，学校严明纪律、整顿作风，相继出台了《王老中学教学奖惩制度》《王老中学教师考勤制度》等一系列规章制度，而且都不打折扣的一一落实了。

（六）人性化管理

诚信可贵，情谊难得。制度是刚性的，管理是柔性的，领导工作也必然是一种"有情"的工作。学校的发展离不开一个富有感召力、凝聚力、战斗力的协作团队，有赖于校长和全体教职工的真情投入和情感交融。宋代学者程颐说："以诚感人者，人亦以诚而应。"以诚相见，推心置腹，发自内心的尊重、关心、爱护和信任，就会"精诚所至，金石为开"，就会发挥出大家的积极性、主动性和创造性。尤其是对于教师工作而言，脑力劳动几乎占大部分，真心相待才能激发出教师的担当和实干热情，内驱力是工作能量的源泉。

王老中学将"微笑授课"列入教学常规。如果教师得不到关怀和温暖，个人的困难得不到帮助，笑从何来？因此，教师生活中有了困难，学校应该不遗余力地帮助解决，用真心和热情与每个教师坦诚相待是领导干部分内的工作。

案例 5

想人所想，忧人所忧

青年英语教师尹老师的丈夫不幸早逝，年幼的女儿还需要父母帮忙照看，她把悲伤和痛苦埋在心底，一心投入工作中。她担任毕业班班主任，班级管理细致入微，经常忙得饭都顾不上吃。看着她孤单、忙碌的身影，大家心里都很不是滋味，于是帮她重新建立家庭被提到了学校的工作日程上来。校长一次次打电话，跑婚介所，牵线搭桥，最终她和高中的一名教师建立了家庭，很是幸福美满。

二、稳步超越
——博平中学的蜕变

八年来，博平中学经历了由乱到治，进而腾飞的发展过程，走过了依法治校、以德立校和文化强校的发展历程。经过全体教职工的共同努力，自 2009 年以来，教学质量和综合考核由原来的后几名到均列全区第一名，而且被评为山东省教学示范校、山东省中小学德育工作先进单位、聊城市教书育人先进单位等。博平中学被作为全人教育的研究案例发表在《走向完满人生——山东省茌平区博平中学全人教育的探索与实践》的论文中。

博平中学是一个大校，以前也是一个乱校，学校内外的"大字报、小字报"一度是当时的校园文化。教师人际关系紧张，人心涣散，工作懈怠；教学秩序混乱，学生厌学逃学、纪律荒废、打架斗殴现象严重；学校和社区关系紧张……是当时学校发展过程中面临的主要矛盾。八年时间不仅实现了教学成绩的飞跃，更关键的是一个大校、乱校变得和气畅通了，这其中的关键是德育建设。通过德育建设，扭转领导班子建设局面，引领教师成长，引领学生成长，实现了把一个内忧外患的落后校变为优质校、先进校的典型范例。

（一）建设领导干部团队

能者上、平着让、庸者下 2005年，博平中学全校一共158个老师，中层及以上领导干部就有56人，占全体教职工的三分之一，当时，仅教务处一个处室就有一正三副四个主任，机构臃肿，人浮于事。如何精简机构，加强领导班子建设是一个重要问题，简单粗暴的"一刀切"是行不通的。学校在建章立制的基础上，进行制度化管理，出台了《博平中学领导干部任免制度》。

该任免制度规定：学年末领导干部的个人成绩如果达不到全区的中游水平（区第10名），就要自动离职；普通任课教师进入全区前5名就可以进入中层的竞选行列。这一规定让优秀的领导干部留在了岗位上，吸收了一批德才兼备的教师进入领导干部队伍，同时一批德不配位的领导干部按照制度自动离职了。在德才兼备的选拔理念下，学校的中层干部实行沙里淘金的选拔模式。博平中学在选人用人上，遵循能者上、平着让、庸者下的原则，加强了领导班子建设，为博平中学的快速发展建立了一个强大优秀的领导干部梯队。学校中层领导要具有"做领头羊，不做甩鞭人"的意识，具有"没有落后的群众，只有落后的领导"的观念，以及"抓而不紧，等于没抓"和"成功是简单的事情反复做"的带队素质。

案例 6

博平中学领导干部任免制度

为认真贯彻执行党的路线、方针、政策，推进博平中学干部管理工作的科学化、制度化、规范化，突出以教学为主体的宗旨，最大限度做到能者上、平着让、庸者下，形成干部任免的流动竞争机制，特制定本制度。

一、领导干部的任命：

1. 副校长由校长直接聘任，上年度的副校长本年度落聘的可参加中层竞聘。学年初，学校根据工作需要设置中层干部岗位，在全校范围内择优选聘。竞聘者要有较高的政治觉悟，遵纪守法，吃苦耐劳，具有敬业精神、团结协作、开拓创新的精神和品质，愿为学校发展做贡献。

2. 各年级中层干部的选拔以担任班主任工作且本班量化考核优秀为优先条件，上学年个人教学成绩（标准分）达到全区前 5 名者进入新中层竞选范围。

3. 上学年任中层干部者，上学年个人教学成绩（标准分）必须达到全区前 10 名，否则自动离职。

4. 中层干部聘任实行双向选择，竞聘者自愿填报中层岗位申请报告，学校择优聘任。

5. 同等条件下，若某学科无进入全区前五名者，则根据实际工作可以降格择优录取。

6. 聘任结束后，学校对新聘任的中层干部颁发证书，同时签订本学年工作目标责任书，聘期为一年。

二、领导干部的免职：

领导干部有下列情形之一者，给予免职处理。

1. 不服从学校管理，消极怠工的。

2. 工作中造成重大责任事故的。

3. 年级主任因工作不力，造成学生辍学严重的（本年级辍学学生超过 5 人）。

4. 学年中考个人成绩（标准分）达不到全区前 10 名的（完成学年初签订的本学年工作目标者除外）。

三、本制度如与上级文件不相符者，以上级文件为准。

四、本制度解释权归校长办公会，未尽事宜，由校长办公会另行决定。

（二）疏通干群关系

当时博平中学干群关系紧张，不尊重领导已成风气，经常开大会的时候，校长在上面讲话，老师在下面评价，如果有不如意之处，就开始跺脚起哄，直到校长没法讲话为止。后来甚至有的校长不敢召开全体教职工大会。所以，这种情况必须扭转，肃清会场风气，理顺干群关系，才能发挥平台的作用、榜样的力量。教师之间尊重领导、热爱同事也才会使教师榜样的力量带动同学们，从而彻底改善学风、改善校风。

案例 7

全体教职工大会上的故事

新任领导班子上任后，听说了开会跺脚的"习惯"。在第一次教职工大会上，校长说："我今天给大家讲个故事吧！"会场鸦雀无声，不知道校长葫芦里卖的什么药。

"有一天，一行人正在爬山。忽然乌云密布，倾盆大雨将要来临。行人在吵嚷声中都拿出雨具，准备迎接暴风雨。"全场屏住呼吸，开始听讲。

"又爬了一段，忽然晴空万里、艳阳高照，原来是虚惊一场。"全场教师你看看我，我看看你，都在想这是怎么回事，还是没法点评，就接着静静听讲。

"原来刚才是山路的两边，有一个土窑，窑洞里冒出的烟弥漫了整个小路。"大家恍然大悟，原来是这样，还是不知道怎么点评，继续安静听讲。

"你在山脚下、在山腰和在山顶上看到的风景是不一样的。这就是为什么说'欲穷千里目，更上一层楼'。我了解到我们单位开大会的时候，有的老师喜欢点评校长。你当过校长吗？当过副校长吗？当过中层干部吗？那么有什么资格点评校长？也可以点评，但你看到的、听到的不一定是真相，点评的观点不对，大家会取笑你的。所以，从今天开始，大家认真开会，至于校长，让局长去点评吧！开教代会的时候，让教代会代表去点评吧！下面我们开始开会。"

从此之后，博平中学的会场风清气正，教职工大会成为大家相互学习、共同提高的有力平台。

（三）整治周边环境

扫黑除恶守护校园净土　新班子上任时，一进校门，面前的景象是：校园西侧几十棵参天大树被砍倒在地上，横七竖八地摆着，墙头倒了，电线断了，垃圾遍地。了解后才知道这是附近村民拿着工具、闯进校园，把学校里的树木砍倒、截断，在准备抬出校园的时候，被门卫阻拦没来得及运走。为什么砍树呢？因为"树的阴影影响了周围庄稼的生长"，而且声称学校种的树是他们自己家的，所以砍伐的价值近 20 万元的木材他们要拉走。

校园是全校师生心灵栖息的净土和精神成长的摇篮，这片净土的守护需要领导班子的有力坚守，需要学校全体师生的上下一心、共同努力。扫黑除恶，坚决防止非法侵入学校扰乱正常教育教学秩序的行为，坚决反对侵占学校公用财产的违法犯罪行为，坚决反抗敲诈勒索或在校门口滋事的社会黑恶势力，肃清校园周边不良社会力量，整治校园周边环境，是开展正常教育教学工作的基本保障。

学校利用法律武器保护自己，彻底解决了周围不良村民寻衅滋事、侵犯学校利益、扰乱学校治安的问题，在依靠组织依靠政府的基础上，请区公证处对所伐树木进行录像，制成光盘，保留证据，以备后患，防止以后扰乱学校教学生活，整治了周边环境。

案例 8

砍树篇

这是博平中学与邻近村的历史遗留问题，学校西墙外面是村里的农耕地，村民以学校的树遮阴影响庄稼生长为由，拒绝"三提五统"政策执行，并且因为树的问题一直跟学校有矛盾。但实际情况是，学校的西墙是面朝朝西在南北方向延伸盖的，墙几乎没有遮阴；校内的树距离西墙距离也很大，更何况校墙外还有一米半的土地也是属于学校的，所以并没有形成遮阴，所谓"遮阴影响庄稼成长"的说法，只是村民不想缴农业税的借口。

学校在把教学工作安排好之后，邀请区司法局公证处的几位干警来到学校，对被砍伐的树木等情况进行了现场公证。然后拿着公证书去找当地政府汇报了工作，并要求处理此事，明确他们的行为已经属于严重违法，很可能已构成了刑事案件，学校随时有通过法律途径追究刑事责任和维护自身利益的权利。

新校长上任之后，有一天一群人冲进了校长办公室，他们自称是当时学校用地的户主，当年他家的树苗没挪走，事隔17年，树苗长大了，所以他们刨了树要拉走。但据了解，当年建校之初政府已付给土地主人每棵树的赔偿款，只是没有书面协议。

校长看着他们，说："看样子这个事是真的了，那么这样吧，自1990年学校迁址以来，土地就属于博平中学所有，你家的树苗长在学校的土地上，一长就是17年，这相当于你家租赁学校的地种树。这样双方应该有一份土地主家和博平中学的租赁协议。而且这份协议应该盖着博平中学的公章。你们回家找找吧！只要有这份协议，学校就承认这个事实。你们把协议拿来后，如果协议上有租金数，按协议交租金。如果协议上没有写明租金数，我作为博平中学的法人，本着对学校负责的态度，我来定个数：按每棵树每年1000元的租金算，一共交17年的。大家回家拿协议，交上租金，就可以拉树了。否则谁敢轻举妄动，第一，我打110报警，第二，集合全校师生之力应对。"在场的所有人顿时目瞪口呆，沉默良久后不情不愿地离开了。

博平中学坐南朝北，正校门是朝向北边的，学校的南墙上有一个小门，也就是南门，从南门出去直接就是附近村庄了。曾经学校南门开过一段时间，附近村民开饭店、开网吧、卖零食、卖酒水、租房子……收入增加了不少。但对于学校而言，非常不利于学生的管理，有的学生放学后从南门出去在附近店里或者出租屋里喝啤酒、打牌、打游戏……不但影响了休息，而且存在安全隐患。为了加强学生管理，上任校长安排把南门锁上了。新班子上任后，他们试图趁交接之际让学校把南门再打开。

常言道"近朱者赤，近墨者黑"，环境对学生的成长过程尤为重要，加强学生管理，必须肃清周边环境。好的环境可以促进孩子健康成长，而恶劣的环境则可能使孩子也跟着学坏。经历博平中学全体教师多次群智群勇，这场闹剧终于告一段落，由南门引起的纠纷从此彻底在博平中学的发展历史上落下了帷幕，为学校大踏步前进，奠定了基础。

案例 9

南门篇

第一步：办公室围追。

学校周边四个村的支部书记联合到校长办公室，要求开南门。

校长："理由呢？"

支部书记："孩子们上学方便。"

校长："你们的名头是四个村的孩子上学的方便，你们四人联合起来也就代表四个村的利益。可我一人代表的是全博平镇的利益。我考虑的是全博平镇75个村老百姓孩子的安全。我们只是邻居关系，你们没有资格提这样的要求。如果你们必须提要求的话，你们四位书记把75个村支书的联名信拿来，我要代表博平中学将联名信上报博平镇党委政府，等待审批。"四个书记顿时哑口无言。

第二步：校门口堵截。

有一天，校长开车去教委开会，刚出校门口，就看到一群人拿着铁锹围了上来。原来一个村支部书记正带着村民在周围干活，恰逢校长开车出校门，他们就堵住了去路。

校长下车问原因："怎么回事？"

支部书记："校长，打开南门吧！"

校长："这不可能，我准备把它堵上！"然后开车扬长而去。

第三步：堵上南门。

为了彻底断了他们重开南门的念头，经领导班子研究决定，将南门垒上，彻底封住。学校提前做好准备工作：一是晚上准备好砖、沙子、水泥；二是雇用了当地强势的施工队；三是邀请区教委领导和镇党委政府分管教育的领导坐镇；四是准备好照相机、录音机和录像机等设备取证留档。另外，学校全体中层及以上领导也拿着铁锹随时准备应对一切局面。终于，学校将南门堵上了。虽然后来又几经破坏，但最终他们放弃了，校园的安宁守住了。

防、治、堵结合，搞好财务管理 2005年新领导班子上任时，博平中学对外欠债60余万元，甚至校长办公室门口要账的都在排队。为了财务安全，学校要求大家过紧日子，开源节流，严格执行《中小学校预算管理制度》和《中小学校财务制度》等报销流程和财务制度，制定采购程序和购物制度，以及内控制度和财务监督制度，明确收支两条线，进行痕迹管理，将学校发展和计划还欠相结合。

案例10

抵制暴力要账

要账的人中，有一位戴着墨镜的"大哥"扬言，如果今天要不到钱，就住到学校不走了。校长说："我也是刚刚上任，事情千头万绪，您再稍等，我一定会处理的。我听说您想住在学校这里……"，然后拿起电话打给保卫科，"王科长，您马上过来，给这位先生安排一间卧室，你陪他住下，你今天不住下还不行呢。"这位先生急忙赔礼道歉，并保证今后好好沟通，这件事情被传出去之后，再也没有人来学校暴力要账了。

新任领导班子在研究大额欠债原因的时候，发现学校电费支出异常，怀疑可能与用电数据不正常有关系。因此，学校开展了全校用电核查，从变压器开始查起，发现教学区用电和家属区用电是一条线路，好多家属区内的电表就是一个摆设，偷电、浪费电现象严重，集中用电时经常跳闸造成不便，过多的电费也都由学校的经费承担了，这是学校日常电费高的一个主要原因。此外，发现一条大电缆从操场地下走线，到了校园外村庄的庄稼地里。原来隔壁村经常使用这条电缆启动浇地设备，用学校的电费来买单，这是学校电费居高不下的另一个重要原因。

因此，学校整顿线路，总变压器上分设两条总线、两块总表，即教学区和家属区各一条线，各一块表。同时，将搭在空中的、埋在地下的，只要是拉向教学区外的电线全部剪断，杜绝了校外偷电的可能性。对于家属区偷电，学校将家属区用电的电耗平均分到每家，即谁家用电多谁分摊的电耗钱也就多，这样各家互相监督，再也没有偷电、浪费电的现象了。从此，学校的日常用电从每月几万元降到了千余元，偷电的历史从此终结了。

防、治、堵结合，治乱维稳，提高财务管理效率和后勤运作的透明性和规范性是学校安全、健康发展的前提。经过两年的整治，学校逐渐走向正规，为即将步入快车道打下坚实基础。

（四）制度推进学校合并

2008年暑假，由于乡镇合并，博平中学和大桑中学合校，原大桑中学教职员工全部合并到博平中学，因此学校一度出现了教师多、岗位少的局面，面临严重的超编问题。当时市县（区）政府机关及教育部门都出台了"内退制度"，针对"粥少僧多"的情况，校长办公会研究后专门出台了在符合国家退休政策的前提下，男女教师退休年龄各降低两岁，可提前自愿申请的内退制度，使年龄较大、身体有病的教师可以提前离岗，照顾了许多大龄教师和学校工作的实际情况。这一制度的出台，既解决了严重超编、岗位不足的问题，又调动了在岗教师的工作积极性，有力地推动了学校的发展。

案例 11

利用内退制度优化师资结构

有位李老师，50 多岁，不上课，在校园内开小卖部，其亲戚在当地有一定的背景，经常为了非正当利益需求，跟学校交涉。最后，学校根据教师超编的客观情况，通过《博平中学内退制度》让他提前回家休息，减小了对学校和其他教师的不良影响，优化了师资结构，为学校的正常工作和高效运转提供了良好环境。

学校合并有可能带来教师心理的动荡，两校合在一起很关键的一个问题就是教师能否有归属感。为了尽快地将两个学校教师的心融合在一起，学校在领导干部安排、班级作业组安排、学科组安排等工作上，都进行了两校教师的搭配组合，不能让大桑中学的教师感受到厚此薄彼，这种顶层设计上的安排使两个学校的教师融合得很快。学校对博平中学教师也提出了要照顾大桑中学教师的要求，这里也是他们的家。学校变化日新月异，逐渐步入了良性发展的快车道。

案例 12

原大桑中学的最后一个全体教职工大会

当时教育局领导和博平中学校长谈话，表示担心："博平中学的局面刚刚稳定，又合并了大桑中学，别再出现一个'大桑派'。"

于是，在大桑中学的最后一个全体教职工大会上，面对大桑中学的全体老师，校长发言道："敬爱的老师们，大桑中学 1956 年建校，它的建校史比博平中学要悠久，大家对这里的一草一木、一人一物都有着深厚的感情。我知道今天大家的心情都很复杂，虽然我不能感同身受，但非常理解。

"大桑中学和博平中学合为一体，我们就是一家人。今天在这里，我向大家做两条承诺：第一，我带头严格按照制度办事、依法治校；第二，无论是安排工作，还是处理事情，都用一把尺子衡量。

"从明天开始，在博平中学校长办公室，我要和大家一对一见面。我们聊工作、聊生活、聊想法，可以提要求。总之，新学期开始，我们交交心……"

（五）引领教师成长

学校的发展有赖于教师思想素质的提高，教师综合素质决定着学校发展的高度和厚度。创建积极向上的校园文化，丰富教师的精神世界，改变不良的思维方式，构建积极向上的核心价值观体系是非常紧迫的任务。如何打造师德高尚、业务精湛的教师队伍，去做有灵魂的教育，当有信仰的教师？

师德培训 所有工作的出发点都是以德为标准，重要的是要抓住"德"的根本。孔子曰："夫孝，德之本也，教之所由生也。"一个不孝的人，无论取得多大的成就都是缺德。缺德之人，才能越大，其危害性越大。教育因孝道而产生，教师也应从孝与道抓起，为师者更要讲道德伦理，注重长幼尊卑。在孝字上立住了，人也就理顺了。

思想通了，事情就好办了，和谐校园也就形成了。和谐的校园需要和气、畅通的干群关系，宽容、谅解、互帮、互助的同事关系，和谐、有序、民主的师生关系，友爱、竞争、合作的同学关系。学校利用一切可以利用的资源，创造一切可以创造的条件，理顺一切可以理顺的关系，改善教师的办公和生活环境，调节教师的人际和家庭关系。建国君民，教学为先。教师们做到严于律己，宽以待人，学会理解，学会换位思考，己正才能育人，才会真正做到教书育人，才会爱岗，才能敬业。

案例 13

校长在"三八妇女节"大会上的讲话

2005 年，新校长上任后发现，在校园的各种不和谐关系中，还包括教师的婆媳关系，甚至听说有的女教师和自己的婆婆动手了。在庆祝"三八妇女节"大会上，校长根据女教师的讨论发言提出了四个主题词："丈夫""孩子""婆婆"和"家"。

校长说："女老师们，下面我统计一下你们婆婆的学历。"

"是本科学历的，请举手！"一个举手的也没有——

"是专科学历的，请举手！"依然一个举手的也没有——

"是中专或高中学历的，请举手！"只有一个女教师举起了手——

"亲爱的姐妹们，今天在这个特殊的日子里，我们说说掏心窝子的话。咱们的婆婆就是一个普通的家庭妇女，她把老头儿一个人丢在了老家，在学校里住着，给你看孩子已经很不容易了。别对她要求那么高，她不是外人，她是你丈夫的母亲、孩子的奶奶。尊老爱幼是我们的传统美德，和她的关系直接影响着你和丈夫的关系、影响着亲子关系、影响着家庭关系。

"我知道你们很不容易，虽然你们是老师，但是你们也是母亲、是女儿、是媳妇。社会的多重标准对新时代女性的要求太高，我们每天在多种角色中轮流切换，一旦切换不及时，就容易出现矛盾。为什么国际上要庆祝"三八妇女节"，就是呼吁全社会要尊重女性！"

最后给女老师提了以下要求："把丈夫当孩子、把孩子当大人、把婆婆当亲娘、把家当港湾。"

从此以后，博平中学女教师的家庭关系和顺了，和婆婆的关系和顺了，工作也更有干劲了。付老师的婆婆曾经是学校的退休教师，在学校举办的教职工艺术节上，她带领博平镇文化站上的文艺队自备服装，表演了大腰鼓、二胡、葫芦丝演奏等节目。张老师的母亲端午节的时候到学校来给校长送粽子，说："现在的孩子可孝顺了，非常感谢领导的教育。"

居家讲孝，工作言德。孝为德之根，工作态度就是德之本——因为工作是安身立命的根本。如果对工作抱着不正确的态度，那么受到质疑的就是德行。存在感是人的本能需求，人人都需要被重视和认可。工作需要被看见，需要被肯定，尤其是领导的肯定。一个能拿着放大镜去看下属优点的领导，一定是有德行的，也是有能量的。一个有能量的领导，也会对教师产生积极的影响，他会把能量传递给教师，教师再传递给学生，十年树木，百年树人，这是教育的燎原之火。

师德培训不仅是对普通教师的培训，也提出了对领导干部的更高要求。领导干部权力大、责任重，处于中心地位，对于很多工作的安排有决策权，尤其是作为一名教师的领导干部，除了身为教师的教育教学能力以外，积极向上的正能量也是必备师德的一部分。方法上，要做普通教师能力的"美容院"，帮他们修护调理；方式上，要做普通教师能量的"加油站"，给他们加油鼓气。如果普通教师能力有限，交给他传道授业的方法，如果他们有能量不足的时候，给他们鼓劲，传递乐观面对困难、积极对待学生和阳光与同事相处的信心、力量和勇气。

案例14

王老师的成长

——从落聘到创办温馨苑

王老师是一名英语老师，成绩很好，是英语学科中的排头兵。但性格太过直接，与领导沟通时经常不注意场合，有时对安排的工作有不同意见直接就表达，甚至公开让领导下不了台。在一次年度竞聘中，三个年级主任都不聘用她，于是就落聘了。

学校考虑到她英语成绩突出，说服初三年级主任，让王老师教初三毕业班英语。校长把王老师叫到办公室后，她说自己不敢教初三，怕成绩不好耽误了孩子们。于是，当着业务校长和初三年级主任的面，校长说："王老师，初二、初三两个年级主任都抢着要你，这说明你业务能力强、责任心强、热爱学生，工作中有自己独到的见解是你的重要业务能力，他们信任你，你也要相信自己。"领导善意的谎言，让王老师很感动，她接受了这个重担，后来在她的带动下，初三年级教学水平大幅提高，英语学科大步前进，成了全校最优秀的学科。

王老师心地善良、关爱学生，她经常资助贫困学生，把自己孩子的衣服给学生，给学生买作业本，有时把学生带到家里吃饭，曾经把自己的一辆比较新的自行车给了一个贫困的学生。后来她发现学校里的留守儿童、单亲家庭以及特困家庭中的孩子有三十多人，就向学校申请了一间办公室，成立了温馨苑。在温馨苑，她自己花钱买生日蛋糕，给每个孩子过生日，利用周末或节假日组织他们课外活动。后来陆续又有二十几个教师自发地加入温馨苑，其中取得心理咨询师证的老师就有十余人。温馨苑除了物资捐助以外，还多了心理辅导和咨询的功能。现在，温馨苑已经联合当地政府、企业、公益机构等十几家单位多次为学生捐款捐物。

业务培训　学校制定了青年教师培养方案，对新教师实行考评制度，对教龄不满3年的青年教师，指定专人结为帮扶对子，在备课、上课、辅导等环节上具体指导，全程跟踪，为青年教师搭建努力学习的平台，每年举办青年教师评优活动，通过说课竞赛、上课竞赛，促进教师专业发展。

学校着力推进教师培养工程，建立了一支独放带动遍地开放，引领百花齐放的政策，采用"走出去，请进来"的方式，通过学术专题报告、理论学习辅导讲座、教学现场指导、教学座谈等形式对教师进行培训，鼓励教师自学成才，提高学历，不断深造。教师的专业成长是带动教育质量提高的关键。学校高度重视外出培训学习，积极组织有关教师参加专家报告、教学研究、名师送课、教学能手、优质课评选等活动，每次学习回来老师们都积极探讨如何将优秀教师的先进教学理念和教学方法引进来，内化为自己的教学能力。

教育家论坛 学校定期举办教育教学论坛、研讨会和课题研究工作报告会，打造教师队伍。在学期初举办的镇中教育家论坛，提出用教育家的理念作支撑进行教育教学改革，通过论坛的形式拓宽了教师的视野，为解决教改中遇到的难题找到了方法。

博平中学教育家论坛充分起到了互相借鉴、互相学习、取长补短的作用，教师们区级、市级、省级教育教学成果百花齐放。茌平区初中区域性教研活动在博平中学举行，博平中学有9名教师向全区上公开课，受到区局领导和外来听课教师的一致好评。在全区优质课评选中，博平中学报名的14人全部入选，其中有10名教师被区教研室推荐到市里参加市级优质课的评选，物理教师姚海波被推荐到省里参加省级优质课的评选。在同年，全区教学能手评选中，学校有21人顺利入选，入选率达90%以上，还有教师获得了市级教学能手的荣誉称号。

注重教研 教研是教育发展的第一生产力，没有教研就没有教育教学的推动力。学校成立了以教研组长为先锋，以学科组长为骨干，以一线教师为基础的教研机构——教科处，教科处以学科教研会为平台指导学科组，解决教学过程中遇到的实际问题，不断提高教师的课堂驾驭能力和教育理论水平。教研会的目的是研实情，重实效，向课堂要质量。各学科的教研会上深挖备课、上课中存在的问题，让成绩优秀或经验丰富的教师介绍做法，实现了互相交流，共同提高。

学校的教研工作的基础是以人为本、以生为本，是校本化教育最重要的体现，是整合校本管理、校本培训、校本课程等活动的纽带。学校积极研究和探索各个课程，为了突出"校本性""研究性"，铸造"校本"特色，也开展了校本培训、校本课程、校本管理等方面的探索和研究，并将校本课程开发纳入校本教研。本着用教育科研解决教育上的问题和困难的原则，已成功申报名为《办全人教育，创齐鲁名校》山东省教育课题。

学校通过完善分校管理机制，在各类活动中强化团队功能，开展星级办公室、优秀教研组的评选活动，打造教师团队。以课堂教学研究为抓手，引导教师做真实高效的研究。课堂教学改革是教学改革的重中之重，把课堂当成教学改革的主战场，强调所有学科都要挖掘德育因素并把德育教育贯穿于课堂教学的始终。

课堂的功夫在课外，学校在实行"双案教学"的基础上推出了"三色两案"，目的就是让教师反复打磨教案、优化学案。课堂教学注重大容量、快节奏、抓细节、砸基础，与多方位搭桥的四个牵引，形成了集预习、讨论、讲解、训练、拓展于一体的"五步教学法"，课堂上真正发挥了学生的主体性，实现了打造激情、和谐、高效的特色课堂的课堂目标。

教学的同时要求教师撰写课堂教学反思、教育随笔，讲述自己的教育故事。教师每天与富有朝气、不同个性的学生在一起，展现在教师面前的是丰富的教育故事，将这些经历、感受、教学片段记录下来，并由此自省自己对学生的理解、对教学的理解、对教育的理解是否又有更深刻的认识，从而收获新的教育教学感触和方法，这些资料见证了教师的成长。

举办音乐现场会 在如火如荼的课堂教学改革的大背景下，博平中学音乐组在音乐课堂的教学改革中，充分发挥学生的主体性，形成了博平中学自己独特的音乐课堂风格。2010 年 12 月，茌平区音乐现场会在博平中学隆重召开，向全区推广博平中学的做法，将谢红燕老师的音乐课向全区推广，各种兴趣小组精彩展现。

人尽其才 尤其是对于教师这样一个动态发展、需要终身学习的职业来说，很多教师人才在其他领域也有着丰富的知识储备和积累。用人要扬长避短，合适的人用到合适的位置上，人尽其才，才尽其用。

案例 15

两位杨老师的转变

第一位杨老师，他不愿意上课，不服从管理，是出名的"刺头"，但他对法律有浓厚兴趣，还自学考取了律师资格证。学校根据具体情况，把他聘为综治办主任。在博平中学由乱到治的发展历程中，杨主任用他所学的知识，在依法治乱，依法治校中，为博平中学的法治化建设起到了积极的推动作用。

第二位杨老师，40 多岁，曾因为生活作风问题被高中调出后来到博平中学，因性格较为极端，师生关系紧张，孩子又因病早亡，对他打击很大。学校对这位老师尽可能地给予人文关怀，对他既严格要求，又努力帮他解决生活和工作中的难题。杨老师非常感动，工作特别努力，最后变成了一个带动其他同事的奋进优秀的教师。

（六）带领学生成长

由于学校采取了"堵疏并举"的双轨管理措施，一年多来，学校再未出现过安全事故。学生在处理问题上，不仅学会了竞争与合作，更重要的是学会了如何用和平的方式处理问题，如何更好地与他人相处。2005—2008年，学校的各项制度不断完善和落实，各项工作稳步推进，教师们精神百倍，干劲十足，安定和谐的镇中新局面，让家长省心、让领导放心、让社会满意，在2008年4月被评为区"平安校园建设先进单位"。

教育工作者要客观全面地看待每一位学生，对每一位学生报以积极、热切的期望，并乐于从多个角度评价、观察和接纳学生，寻找和发现学生身上的闪光点，关注学生个体间发展的差异性和个体内发展的不均衡性，尽可能按照每个学生所具有的不同智能结构提供发展、成长的条件和机会，让每一个孩子的潜能都得到充分发掘。

课堂渗透德育教育　学校人才培养的根本在于课堂的改革，博平中学要求每堂课都要从教材上挖掘德育因素，挖掘育人元素，并贯穿于教学的全过程。这种持续的渗透，确保了学生的德育教育熏陶，能够内化为学生的品格，也创建了思维碰撞的高效课堂。

建立德育室　作为全省德育教育工作先进单位，德育是博平中学育人方面的一大特色。德育室开发了学校的德育校本课程，例如《博平历史文化》等。

国旗下演讲　学校每周一上午升国旗进行教师演讲和学生演讲，有时邀请家长演讲，一周一个主题。演讲主题由学校政教处制定，上周五领导班子例会审核，团委整理讲话资料。全体师生共同参加升国旗仪式，并进行国旗下演讲，以校园典型事例、重大节日、国内外大事或新闻为契机，对学生进行德育教育，如《学会和平方式处理问题》《文明礼仪伴我成长》《同住一个校园，共爱一个家》《创新是民族进步的灵魂》《践行孝道，学会感恩》等，每期均收录装订成册为《国旗下讲话》。

"九加一"组合　即每个组合由一位教师和九个学生组成。教师担任辅导员的角色，主要负责解决学生学习、日常生活中遇到的实际问题和心理问题，让教师真正走进孩子的内心世界，倾听他们的故事，聆听他们的心声。

兴趣优势培养 利用课外活动的时间，教师们开辟了剪纸、排球、篮球、竖笛、舞蹈、合唱等 16 门校本课程。其目的就是让每一个学生至少掌握一项艺术特长，实现优势发展。每一个学生都有优势和闪光点，每个长处都值得被发现、被弘扬。学生德育工作的总体思路就是以班主任为主、其他教师为辅，给每一个学生找出至少一个特长，根据优势去发展。在优势培养的德育工程理念下，学生在文体活动中获益匪浅。2008 年，舞蹈表演《好收成》和武术表演《男儿当自强》在区艺术节上获得一等奖，《男儿当自强》在聊城市中学生田径运会开幕式上再次登场，给大家带来了一场视觉盛宴。

开展主题班会 班主任利用班会进行班级管理，班会采用邀请学校的领导、任课教师、专家学者、学生家长等多种形式开展。主题班会遵循学生为主、全员参与、形式自由的原则。每班把学生分成若干组，每组两人，承办一期主题班会，两名主持人全程负责。班会形式不拘一格，由学生自主设计。

打造校园文化 校园文化决定了学校的品质。博平中学构建的立体式、多层次、全方位的"全人"教育文化也潜移默化地影响着师生，使学校不但成为学生幸福成长的乐园，也成为教师温暖舒心的家园。这主要体现在学校所构建的"四位一体"的校园文化，即校院文化、班级文化、小组文化和课桌文化（座左铭和座右铭）。座右铭是激励人奋发向上的名言，座左铭是提醒学生规范自己、向小错告别的警句。

建设书香校园 为了全面推进全人教育，完善学生的文化知识结构，夯实学生的文化底蕴，浓郁学生的人生底色，陶冶精神情操，培养终身学习的习惯，学校整体规划，周密安排，大力营造"琅琅书声充盈耳畔，浓浓书香溢满校园"的良好氛围。

活动育"全人" 每学年学校举办丰富多彩的文体活动，例如开学典礼、初一军训、拔河比赛、诗文诵读、元旦联欢会、师生春季田径运动会、"缅怀先烈，继承传统"祭扫活动、"热爱祖国，唱响和谐"演讲比赛、"留住真情，放飞梦想"初三毕业典礼等，通过丰富多彩的活动，实现了活动培育全人的目的。

知心姐姐工作室——关注女孩成长 青春期的成长过程会伴随着无数的困惑、迷茫和痛苦，为使学生健康文明的成长，正确认识和处理女生日常生活中遇到的各类问题，成立了"知心姐姐工作室"，成为孩子精神家园的守护者。

这是女教师自发组织成立的一个关注女生健康成长的机构。各班都有一个知心姐姐教师和一个女生委员，依次往上，每个分校、年级也有一个总的知心姐姐教师和一个女生委员，直至学校的总负责老师。她们都是女性，这样可以把女生的问题和亮点从班级逐层汇总到学校，总负责的教师参加学校的领导干部周五例会，这样就从基层把班级的女生问题，形成的共性问题反映到学校层面，进行联席解决。在知心姐姐工作室的带领下，架构起对女生的网络式管理模式，在女生的成长过程中，有一位女老师来为她们保驾护航。女老师和女生们有时在女寝室里聊天、讲座、提问、回答，各种互动收到了很好的效果。

温馨苑——关注留守儿童 由于父母外出务工，农村留守儿童的教育问题以及相应的一些心理健康问题亟待解决。为此，教师们自发成立了温馨苑，为需要帮助的孩子进行物资援助和心理疏导，让他们平安度过青春期，帮助他们打开心结，更好地面对人生。为此学校专门成立了基金会，从经济上和心理上给予孩子们双重的帮助，为这些心灵管理空档的孩子平安度过青春期提供物质和精神的食粮。让他们知道，或许人生会有不幸和苦衷，但学校是第二个家，老师是第二个妈妈。温馨苑的作用就是促进孩子们独立自救、强大内心、绽放美丽的人生。如果家庭是弱项，那么学校站出来，社会联合上。学校为他们建档立卡，重点看护。

同时，学校探索了多部门联动和学校、社会协同的创新模式，已经与正泰集团等十几家政府机构、企业和社会公益组织开展了系统的帮扶工作，增强了学生爱护工作的科学性、针对性和实效性。博平镇党委领导带领全体领导班子到温馨苑给孩子们捐赠现金及书包、字典、词典等。学校还与聊城机械厂等爱心企业联合专门成立了基金会，企业与经济困难孩子一对一结对。聊城蒲公英爱心公益组织等社会各界爱心人士多次为温馨苑孩子们捐款捐物，并在茌平区正泰大酒店设立了固定的捐款箱。

案例 16

温馨苑

珊珊的家境特别困难，她母亲患侏儒症，父亲患眼疾，还有一个弟弟，全家只有三间平房。她每天只有 1 元的生活费，平时在学校只买馒头不吃菜，自己从来没有过过生日。温馨苑的教师们一起为她买衣物，买自行车，集体为她过生日，帮助她打开心结，珊珊同学的性格阳光开朗多了，成绩直线上升，学期末被评为"三好学生"。

小彤已经 21 岁了，她本来有一个幸福的家庭，有爸爸、妈妈和弟弟。天有不测风云，突然她爸爸车祸去世了，妈妈带着弟弟改嫁他乡，把她留给了大伯抚养。伯母的儿媳嫌弃她说，都这么大了还上学，多次想让她辍学。面对这种情况，在王老师的带领下，温馨苑的教师们组成爱心团队去做她家的思想工作，争取让小彤读完初中，完成了义务教育。

家长培训 为达到家校共育的目的，学校成立了家委会和家长学校进行家长培训。家庭与学校及时有效地面对面交流沟通，架起了家校共育的桥梁，对指导、帮助家长转变在家庭教育中的观念、共同承担教育孩子的重任起到了很大的推动作用。

（七）提高幸福指数

吃好喝好——餐厅改制 以前学校食堂实行承包制，即使本着竞争的原则招标了两个餐厅一起运营，学生伙食依然很差。在吃饭时间，学生一手捏辣条一手拿馒头，或者一手握着方便面一手握着矿泉水的情况很普遍。青春期正是长身体的时候，不健康的饮食影响孩子们成长，家长有牢骚，社会有意见。

教育局张局长一直想解决这个问题，他在外出学习回来后跟博平中学校长说："给你半年的时间进行餐厅改制，试一试吧，可以的话就向全区推广。"于是，学校立即召开校长办公会，研究餐厅改制问题——即学校把餐厅经营权收回来自己经营，实行"无利润套餐制"。

餐厅由后勤副校长总分管，实行单线管理，即财科独立管钱、生活科独立管人，联合独立采购。不同科室分工合作，团体购物，集中签字，学生会监督。同时，实行师生同餐，做到了营养就餐、物美价廉、方便快捷，深受师生及社会好评。后来很多学校来学习，教育局将博平中学餐厅作为示范向全区推广，现在茌平区全部公立中小学的餐厅已普遍采用这一模式。

唱起来、跳起来 学校在校园内盖起了每户面积120平方米的教工住宅楼，教师们吃得好、穿得好、住在校园、工作在校园，衣食住行全无后顾之忧，真正实现了安居，做到了乐业。

学校积极开展并鼓励教师们参加各种体育和文艺活动，缓解平日工作的紧张，增进教师之间的友谊，丰富业余生活，愉悦身心。2008 年，茌平区中小学艺术节上，学校的美术作品现场作画比赛获优秀奖。2009 年，学校在区举办的"共住一个城市，共爱一个家"的主题演讲比赛中获得优秀组织奖。2010 年，山东省中小学美术技能大赛中，美术教师曹老师获得三等奖。2011 年，教工篮球比赛中学校男教师们奋力厮杀跻身前六。2011 年，茌平区教育局于元旦在博平中学成功举办了首届农村中小学校教职工艺术节。在艺术节上，教师们人人有节目，家家都参加，有亲子节目，有全家小品表演，有教师对唱，有师生相声，有师生舞蹈组合，有学科组合唱，大家唱起来、跳起来，现场欢声笑语，热烈而充满激情的鼓掌此起彼伏。"让教师幸福的工作，让学生快乐地成长"的办学理念已经落地生根，开花结果了。

案例 17

夫妻双双把家还

博平中学赵老师的家属是一名下岗职工，因为精神抑郁，经常和赵老师闹矛盾。学校组织的教职工艺术节上，夫妻俩报名了黄梅戏的经典曲目《夫妻双双把家还》，夫妻俩经常在家练习，生活非常开心，病也好了。艺术节演出那天，两人穿着戏服上场，惊艳了在座观众，现场顿时响起雷鸣般的掌声，表演非常专业，大家后来才知道原来赵老师的家属曾是区剧团的专职演员。

经过几年的努力，博平中学的师生不仅取得了优异的成绩，而且形成了正确的人生观、价值观和道德观，走正确的路，做正确的事，精神面貌焕然一新。现在全校上下，干群关系、同事关系、师生关系以及家庭关系都和气畅通了，以健康的身体和健全的人格做基础，才能发达自我、丰富知识，做到贡献社会。

附 件

附件 A1

茌平实验中学教职工综合考核办法

为依法治校，规范管理，确保学校长足发展，特制定本考核办法。考核结果作为评优、晋级、聘用的重要依据。全校所有教职工分两部分考核：教学人员、非教学人员。凡任课的教师一律按教学人员考核。

一、职业道德（30分）

"学高为帅，德高为范"。师德是教师最重要的素质。教师的师德决定了教师的素质，教师的素质又决定了教育的质量。弘扬高尚的师德师风是中华民族的优良传统，是新时期教育工作的首要任务，也是加强新时期青少年学生思想道德建设的必然要求。

1.师德表现。（20分）

2.政治学习和政治学习笔记。（5分）

3.教师职业道德和法律法规考试。（5分）

以上由工会组织教师职业道德和法律法规考试，制定《茌平实验中学师德师风量化考核方案及实施细则》并组织实施。

二、考勤（30分）

基础分为30分。根据《茌平实验中学考勤办法》的规定相应扣分，直至0分。

由教务处和政教处根据《茌平实验中学考勤办法》组织实施。

三、常规检查（20分）

（一）教学人员

1. 教研活动。（6分）

（1）听课考核（满分2分）

要求教师每周听课2节，学期末上交听课笔记，由教科处组织人员根据听课数量和质量打分。听课笔记占25%，听晒课记录占75%（音体美信教师的此项考核见附件A2）。

（2）多媒体使用（满分2分）

多媒体的使用情况，由电教室负责考核，学期末统计，计算公式为

$$个人多媒体使用分数 = \frac{个人使用次数}{80} \times 2$$

说明：高于2分的按2分计入。体育教师按本年级教师该项平均分记入成绩。信息技术教师按2分记入，并负责本年级教师的信息技术指导工作。

（3）常规教研（满分2分）

2. 教案检查。（8分）

3. 作业批改。（4分）

4. 教育理论或教育教学随笔。（2分）

第1项由教科处考核，第2～4项由教务处考核，教科处、教务处制定《常规检查细则》并组织实施。

（二）非教学人员

1. 教育理论学习笔记：每星期教育理论一篇，并附有学习心

得，由督导室组织检查。（5分）

2.学校安排的上报材料及档案资料的整理：由科室主任根据工作情况及效果考核打分，每学期报送督导室一次。（5分）

3.非教学人员应树立服务意识，主动创造性的工作，接受全校师生的监督。因工作不利给学校工作造成影响的，经校长办公会研究酌情扣分，直至0分。（10分）

四、工作量（20分）

（一）教学人员

$$工作量得分 = 20 \times \frac{周课时数}{满工作量周课时数} \times \frac{满勤天数 - 缺勤天数}{满勤天数}$$

说明：（1）满工作量周课时数：语文、数学、英语、物理、化学12
节为满工作量；政治、历史、地理、生物14节为满工作量；信息技术、听力14节，另加学校微机室、语音室设备的日常维护为满工作量；音乐、体育、美术14节课，另外圆满完成学校交给的有关任务（如课间操、运动会、文艺会演、艺术节、宣传作品的制作等）为满工作量。

（2）缺勤天数：旷工、请假且学校安排了教师代课的天数。

（3）周课时数＝周上课节数＋周自习节数 ×0.8。

（4）兼课教师的工作量：语文、数学、英语等同于任课两个班级教师的工作量。物理、化学等同于任课三个班级教师的工作量。政治、历史、地理、生物等同于任课四个班级教师的工作量。信息技术等同于任课十四个班级教师的工作量。

（5）如遇特殊情况需要安排代课教师，首先安排不满工作量的教师代课。不满工作量的教师代课不发代课费，只增加其代课期间的工作量，此工作量需年级核定并公示无异议后存档。满工作量的教师代课，学校发放代课补助，不计工作量。

（6）教师工作量由各年级根据教师任课情况自行计算，暑假前一周向教师公示，无异议后交督导室收存。

（二）非教学人员

非教学人员的工作量：本职工作，另加学校安排的临时性任务为满工作量。

$$工作量得分 = 20 \times \frac{实出勤天数}{满勤天数}$$

五、工作效果

（一）有教学成绩的教学人员（基础分100分）

1.初一、初二年级分上、下两学期考核，两学期比例为40%和60%，公式为

教学成绩得分＝（1+前15名标准分）×30+（1+应考核人数标准分）×60+（1+后10名标准分）×10。

2.初三年级只考核下学期成绩（即中考成绩）

教学成绩得分＝（1+前16名标准分）×35+（1+前31～40名标准分）×5+（1+应考核人数标准分）×60

说明：（1）初一、初二教师教学成绩计算以联考学校为总体样本，初三教师成绩计算以全区为总体样本。

（2）初一、初二、初三全班标准分以全班入学学籍人数为考核人数。

（3）一学年两学期中一学期没课，学校安排了其他工作的教师，该学期工作量等同于有课的一学期的工作量，该学期的教学成绩以有课的一学期的教学成绩为标准进行折算。

（4）初二年级地理、生物教师依据学年末会考成绩一次性计算教师个人教学效果得分。

（5）初三职高成绩，将根据上级招生规定的调整做相应调整，初三体育教师成绩待定。

（6）教师因故请假，且超过一个月，请假教师和代课老师共用该班教学成绩，代课老师按照代课时间折比计算成绩。

（二）无教学成绩的教学人员

无教学成绩的教学人员的工作效果考核，另见《茌平实验中学音体美信教师考核方案》（详见附件 A2）。

（三）非教学人员（满分 100 分）

非教学人员平时应及时发现问题、解决问题并及时服务。其工作效果由教代会代表、校级领导、处室主任分别评议打分，各项权重分别为 50%、20%、30%。中层干部的考核，由教代会代表和校领导班子分别评议打分，两项权重各占 50%。各项评议分均以百分制计，然后分别乘权重再相加，所得分即为工作效果得分。教代会代表评议打分前，先由非教学人员本人自愿述职（述职时间最多不超过 3 分钟）。计算平均分时教代会代表的打分去掉 3 个最高分和 3 个最低分，校级领导的打分去掉 1 个最高分和 1 个最低分。

说明：1. 由非教学人员中的教代会代表推选 5 名教学人员中的教代会代表组成统分小组，在学校领导的监督下公开统计计算。

2. 由教代会代表推荐 3 人组成复核小组。当个人对成绩提出异议时，由复核小组负责对该人的成绩进行复核审查。

六、教育教学能力

1. 教学能手考核（含电教能手、安全教育能手）

自本考核制度执行起，获区级、市级、省级、国家级教学能手或骨干教师者，分别加 1 分、2 分、3 分、4 分（取最高等级）。

2. 优质课考核

自本考核制度执行起，获区级、市级、省级、国家级优质课教师者，分别加 0.5 分、1 分、1.5 分、2 分（取最高等级）。

说明：不讲校内公开课者，不得上报区级以上优质课及教学能手的评选。

3. 论文著作考核（包含新闻稿件）

自本考核制度执行起，在区级、市级、省级、国家级教育教学刊物上发表论文者，分别加0.3分、0.6分、1分、2分（取最高等级）；逐级上报评选的论文，按同样的级别加分。

4.课程研发考核

学校成立评审小组，对在课程整合、课程研发等方面有探索创新，且具有自主性、原创性并能形成体系的编写教师，实施以下奖励（含团体）：

（1）年终考核加3分/位次，且取最高项加分。

（2）外出培训优先。

（3）教师节授予"创新奖"。

5.课题考核

申报的区级、市级、省级、国家级课题如果结题，参研人员分别加0.3分、0.6分、1分、2分（取最高等级），课题主持人分别加1分、2分、3分、4分（取最高等级）。

6.校汇报课考核

依据莅教字〔2015〕23号"一师一优课"文件精神，所有一线教学人员（含兼职教师和中层干部，不含音体美信老师）每学年至少上1节校汇报课，由学科主任带领该组成员在教室内组织听评，学科主任至少提前一周将上课人员、时间、节次、地点报于教科处，教科处负责公示授课计划及检查活动落实情况。因特殊原因未能按计划授课者，可以延期择时补讲。学年内凡不参加汇报课讲授者，当年教学效果分扣3分，且当年不得上报区级以上优质课及教学能手的评选。每学期期末考试周的前一周不再安排晒课及公开课活动。

7.校公开课考核

在汇报课的基础上，学科主任推荐（或个人申报）优质课至教科处，在录播室举办校级公开课，由教科主任和学科主任视授课效果打分，分四档加分A：0.5分；B：0.4分；C：0.3分；D：

0.2 分，取平均分记入年终考核。学年内未举办校公开课且每月多媒体使用不足 10 次者，当年不得上报区级以上优质课及教学能手的评选。

> 说明：校公开课每学期只取最高一节记分，一学年累计 2 节。

8. 主题班会公开课。

该项由政教处制定相应评议办法，并组织实施。

9. 心理咨询教师和家庭教育兼职教师工作评议

为鼓励教师既教书又育人，关注学生的心理健康，人人做到双证上岗，自本考核制度执行起，学校承担教师心理咨询证书培训的培训费。取得心理咨询师证书的教师，除正常值班，参加各种培训和活动外，按转化学生和举办（参加）活动效果分三档加分 A：3 分；B：2 分；C：1 分，具体办法由心海扬帆工作室和政教处制定并实施。

10. 指导教师奖励

自本考核制度执行起，学生参赛获区级、市级、省级、国家奖项的其指导教师分别加 0.3 分、0.6 分、1 分、2 分（取最高等级）。

11. 社团活动的考核

参加学校社团辅导的教职工，按社团活动效果和考核结果分四档加分：A：5 分；B：4 分；C：3 分；D：2 分。具体办法由团委和政教处共同制定并组织实施（详见附件 A2）。

> 注：以上教育教学能力考核不包括音体美信教师，音体美信教师单独考核。

七、年度考核折合分

个人年度考核得分 = 职业道德分 + 考勤分 + 常规检查分 + 工作量分 + 工作效果分 + 教育教学能力分。

$$任课教师个人年度考核折合分 = \left(60 + \frac{个人年度考核得分 - 该考核单元最低分}{该考核单元最高分 - 该考核单元最低分} \times 30\right)$$
$$\times 所在级部系数$$

$$非教学个人年度考核折合分 = \left(60 + \frac{个人年度考核得分 - 该考核单元最低分}{该考核单元最高分 - 该考核单元最低分} \times 30\right)$$

注：1. 分校的名次是把每个分校作为一个独立单位，在全区的统考排名，实验中学除外。分校名次的计算，上学期成绩占40%。下学期成绩占60%，两学期成绩相加，全区统一排名。初三年级的分校名次按升学考试的全区排名确定。各分校的"系数"，根据该分校名次确定。

表A1　各分校系数

区名次	第8名	第7名	第6名	第5名	第4名	第3名	第2名	第1名
初一系数					1.01	1.0168	1.0234	1.03
初二系数				1.01	1.015	1.02	1.025	1.03
初三系数	1.01	1.0248	1.039	1.0532	1.0674	1.0816	1.0958	1.11

2. 长期病假或者事假教职工，年度综合考核成绩直接定为60分。

八、管理人员考核（计入折合后的分数）

（一）班主任

1. 班级过程管理

每学期由政教处对各班进行量化考核，以年级为单位按学年考核总分由高到低排名。

$$班主任过程管理得分 = \frac{该年级班数 - 该班名次}{该年级班数 - 1} \times 1$$

本项由政教处考核，政教处制定《班级量化管理细则》并组织实施。班主任津贴的发放，依据政教处制定的《班主任津贴发放办法》实施。

2. 班级教学成绩考核

根据教师教学成绩计算方法计算出班级教学成绩，以年级为单位按班级教学成绩由高到低排名。

$$班主任班级教学成绩考核得分 = 1 + \frac{该年级班数 - 该班名次}{该年级班数 - 1} \times 2$$

3. 学生流失

一学年内无学生流失，班主任加 1 分，每流失一个学生扣 0.25 分，直至该项扣为 0 分。

（二）学科主任

根据该教研组三个年级在全区的平均名次考核，公式为

$$1 \times \frac{分管年级数}{3} + 3 \times \frac{7 - 年级区名次}{6}$$

（三）备课组长

根据该备课组在全区的名次记分，公式为

$$2 \times \frac{7 - 年级区名次}{6}$$

说明．1. 音乐、体育、美术、信息技术为一个教研组。

2. 年级区名次为两个学期的平均名次，上学期占 40%，下学期占 60%。

（四）中层干部

1. 分校校长的考核，根据所在年级期末考试在全区所处的名次考核，其公式为

$$1 \times \frac{分管班级数}{4} + 5 \times \frac{8 - N}{6}$$

说明：初一、初二、初三年级 N 分别为 N_1、N_2、N_3 其公式为

$N_1 = 1+1\times(n-1)$，$N_2 = 1+0.75\times(n-1)$，$N_3 = 1+0.6\times(n-1)$，其中 n 为分管分校区名次。

2. 从事教学工作且兼职管理岗位的中层干部，等同于所在分校的分校校长的得分。

3. 其他中层干部，由教代会根据其完成工作情况打分，其公式为

$$5\times\frac{\text{民主评议得分}}{100}$$

（五）副校长的考核

1. 根据分管年级或科室在全区的排名计算成绩，成绩在 85 分至最高分之间浮动，获得全区第一名的，分管校长的考核成绩等同于该考核单元教师最高分数。

（1）担任教学工作的，个人教学成绩在年级名次一半以上（包括一半），按如下公式计算，否则个人成绩降一个名次计算，公式为

$$85+5\times\frac{7-\text{分管工作区名次}}{5}$$

（2）分管科室工作的副校长按如下公式计算：

$$85+5\times\frac{7-\text{分管工作区名次}}{5}$$

2. 分管年级工作的副校长按以上规定的第一条计算成绩。

3. 如果年级校长在课堂整合、校本课程实施中成绩优异，经校长办公会研究，可以获得奖励分。

说明：第（二）、第（三）项兼职的先计算最高一项，另一项折半计分。

九、年度综合考核总分最高为 90 分，超过 90 分者计为 90 分。

十、本制度的最终解释权归校长办公会，未尽事宜由校长办公会研究决定，以上制度如有与上级文件不符者，以上级文件为准。本制度自教代会通过之日起执行。

茌平实验中学音体美信教师考核方案

为进一步深化我校教育教学管理改革，建立健全教师考核评价体系，充分体现新课程标准和现代教育理念对教师教学效果评价考核的要求，从我校实际出发，本着科学性、公正性、针对性、激励性、可操作强的原则，特制定音体美信学科教师教学效果评价办法。

一、课堂教学及活动（100 分）

为了贯彻学校"全人教育"的办学理念，突出音乐、体育、美术、信息技术教育在学生全面发展中的重要作用，音乐、体育、美术、信息技术教师必须狠抓课堂教学，积极组织丰富多彩、形式多样的各类活动。学校对老师的课堂教学及活动情况单独进行评价，并记入教师的综合考核成绩，评价办法如下：

（一）课堂教学（50 分）

1. 教学常规（10 分）

要求：严格按照新课程标准的规定和教材的要求上课，组织学生认真开展教学活动，不上自习课、"放羊课"，严防发生安全事故。上课前将学生带到指定的教学地点；不推迟上课时间、不提前下课，及时点名、及时记录和反馈。学校组织人员对教师上课情况进行不定期检查。

扣分：教案、备课、听课记录认真、规范，否则扣 5 分。发现一次让学生上自习课或"放羊课"或上课应点名而不点名的每次扣 2 分；发现一次不到指定地点上课、推迟上课、提前下课扣 3 分；音体美信教师不晒课者扣 5 分（音体美信教师晒课由艺体处和信息处具体安排）；出现一次安全责任事故扣完 10 分（不准体罚或变相体罚学生，体育教师要确保体育设施安全）；每个年级体育教师须让学生统一熟练掌握一种操类项目或两项体育运动技能，否则扣 5 分。

2. 教学成绩（40 分）

学期末进行测评，主要考查教学任务完成情况、学生知识掌握情况、学生综合素质情况。

具体操作方法：由学校教务处随机抽签决定教师所带班级的 30 名学生（基础知识 15 名学生，基本技能 15 名学生）进行考核。

考核内容：课程标准所规定的教学内容、知识和能力水平及各年级制订的教学计划中的教学内容。

考核形式：现场对学生进行考核。（基础知识和基本技能各占 20 分，基本技能每学期由学校确定 2 项至 3 项考核内容）

（二）自选课程的开设（30 分）

1. 能按学校要求开设自选课程，有计划、有活动记录，组织认真，活动效果良好。成果验收时教师简介自选课程展示内容。（5 分）

2. 成果验收（25 分）

（1）验收内容：音乐教师提供 2 个高质量的集体节目；体育教师每人 1 个竞技类项目，1 个会操类项目；美术和信息技术教师每人两个兴趣小组的活动过程及成果。每位老师提供至少 50 人兴趣小组成员名单，评委随机抽取 20 人进行考核验收，音乐教师提供至少 30 人进行节目展示。验收内容不得是参加上级比赛的节目或项目，如是参加上级比赛的节目或项目，该项判 0 分。

（2）验收方式：教务处组织评估小组或第三方评议打分。

（三）组织学校活动（20 分）

每学期组织不少于一次全年级或全校的普及性活动（艺术节和运动会除外）。活动前应告知教务处，学校组织人员进行效果考评，活动后把活动记录交教务处以备查考，如少搞一次活动扣10 分。

注：艺体处主任负责上述（二）、（三）项的统筹安排工作，考核由评估小组根据组织能力、效果评议打分。

二、竞赛成绩

参加上级部门组织的各项比赛的领队和教练原则上从优秀社团活动中选拔。

1. 本学年获得区比赛团体成绩前 6 名的分别计 25 分、15 分、10 分、6 分、4 分、2 分，六名以外每递减一个名次，减去 2 分，并记入教学成绩（第一、第二名对等于一等奖；第三、第四名对等于二等奖；第五、第六名对等于三等奖）。

2. 本学年获得市级、省级及全国团体前 3 名或一等奖的，除按全区第一名记分外，另分别加奖励分 6 分、10 分、15 分，获得市级、省级及全国团体第四名至第六名或二等奖的按全区团体第一名记分，不加奖励分。

3. 领队按比赛成绩的 1/5 记分（同时带领两队须是平均两队成绩的 1/5），多次担任领队的按最高项记分。

比赛前确定担任比赛领队的教师并报督导室。

4. 竞赛成绩项除按最高项计分外，每多带一次其他项目的比赛并获市团体第一、第二名的分别加 5 分、3 分，区团体第一、第二名的分别加 3 分、2 分。

5. 赛前确定好教练或指导教师，各单项为一名教练或指导教师。按以上成绩记录个人得分。

三、参加教学能手、优质课、教学论文评选得分计算

1. 本学年获得省级、市级、区级教学能手、十佳教师的分别计 10 分、6 分、4 分，优质课折半记分。

2. 本学年在国家级、省级、市级、区级教学论文评比中获奖的分别计 10 分、6 分、4 分、2 分。

3. 必须积极参加上级主管部门安排的教学能手、优质课、一师一优课、教学论文等评选，不参加者扣 10 分。

4. 凡经学校同意参加上级组织的活动每次加 2 分。

5. 单项按最高分记入教学成绩，不重复计分。

四、备课组长按如下公式计算

$$2 \times \frac{7-\text{学科竞赛名次}}{6}$$

说明：无竞赛成绩的学科按有比赛成绩的学科组长平均分计算。

五、教师工作效果计算办法

本规定的第一项一学期汇总一次，两学期的成绩之和除以 2，作为学年教学成绩。第二、第三项一学年统计一次，和教学成绩相加，作为音乐、体育、美术、信息技术教师年度教学成绩。

注：1. 音体美信教师单独考核。

2. 初一、初二音体美信教师上学期、下学期两次考核；初三音美教师下学期考核一次；初三体育、信息技术教师教学成绩、学校活动兴趣小组，分别按 80%、20% 计算成绩。

3. 音体美信教师根据分校名次确定系数，跨分校任教的教师按相应分校乘对应系数，并按照在该分校任教班级的多少折比计算，然后再把成绩相加。

表A2　分校系数

区名次	第6名	第5名	第4名	第3名	第2名	第1名
初一系数			1.01	1.0168	1.0234	1.03
初二系数		1.01	1.015	1.02	1.025	1.03
初三系数	1.01	1.014	1.018	1.022	1.026	1.03

六、本制度最终解释权归校长办公会，未尽事宜由校长办公会研究决定，以上制度如有与上级文件不符者，以上级文件为准。本制度自教代会通过之日起执行。

茌平实验中学关于教师产假的有关规定

　　根据国家生育政策，为了学校工作的有序开展，为了保障女教职工的合法权益，实验中学特制定如下规定。

　　一、根据国家相关规定，产假为 5 个月，休产假的教师请假天数累计超过 5 个月的，超出部分按事假处理。

　　二、休产假的教师一学年累计上课时间达到一学期且参加了期末考试并有期末成绩的，学期成绩记为全年教学成绩；累计上课一学期但无学期成绩的，与代课老师捆绑计算学年教学成绩。师德、考勤、四册、工作量、教学能力一学期得分，按全年计算。担任年级主任、学科主任、班主任、教研组长、学科组长的，按实际工作时间折比计算。

　　三、教学时间累计没有达到一学期，但超过两个月的，按教学人员最低分计算；教学时间累计不足两个月但参与了非教学工作按非教学人员评议考核成绩；教学时间累计不足两个月没有参与非教学工作按非教学人员最低分计算成绩。

　　四、本制度如有与上级文件不相符者，以上级文件为准。本制度解释权归校长办公会，未尽事宜由校长办公会另行决定。本制度自教代会通过之日起执行。

荏平实验中学领导干部任免制度

为认真贯彻执行党的教育方针，全面深化改革，推进实验中学干部管理工作的科学化、制度化、规范化，突出以教学为主体的宗旨，最大限度地做到能者上、平者让、庸者下，形成干部任免的流动竞争机制，特制定本制度。

一、领导干部的任命

1.副校长由校长直接聘任，上年度的副校长本年度落聘的可参加中层竞聘。

2.学年初，学校根据工作需要设置中层干部岗位，在全校范围内择优选聘。

3.竞聘者要有较高的政治觉悟，遵纪守法，吃苦耐劳，具有敬业精神、团结协作、开拓创新的精神和品质，愿为学校发展做贡献。

4.各年级的中层干部的选拔以担任班主任工作且本班量化考核优秀为优先条件，上学年个人教学成绩（标准分）达到全区前五名者进入新中层竞选范围。若某学科无进入全区前五名者，根据实际工作需要降格择优录取。

5.中层干部聘任实行双向选择，竞聘者自愿填报中层岗位申请报告，学校择优聘任。同等条件下，上学年任中层干部者优先。

6.聘任结束后，学校对新聘任的中层干部颁发证书，同时签订本学年工作目标责任书，聘期为一年。

二、领导干部的免职

领导干部有下列情形之一者，给予免职处理：

1. 不服从学校管理，消极怠工的。

2. 工作中造成重大责任事故的。

3. 年级主任因工作不力，造成学生辍学严重的（本分校辍学学生超过 2%）。

4. 年终考试个人成绩（标准分）达不到全区前 8 名的。

5. 所负责的分校或年级成绩达不到全区前 6 名的（完成学年初签订的本学年工作目标者除外）。

本制度如遇上级文件不相符者，以上级文件为准。

本制度解释权归校长办公会，未尽事宜由校长办公会另行决定。

本制度自教代会通过之日起执行。

茌平实验中学学生社团组织管理制度

　　为进一步活跃校园文化生活，调动学生参与课外活动的积极性、创造性，促进学生间的交流，培养学生的团队合作精神，挖掘学生潜能，激发学习兴趣，提高学生的综合素质，促进学生健康和谐发展，全面落实素质教育，推动全人教育的全面实施，促进学生健康和谐发展，实验中学在校内建立学生社团，并制定本章程。

　　一、领导机构

　　为加强对学生社团的领导，完善学生社团管理机制，学校建立学生社团领导小组。领导小组负责研究部署社团有关活动，定期召开有关学生社团工作会议，巡查、督导社团活动。

　　组　　长：校长

　　副组长：负责学生管理副校长、负责音体美信工作副校长

　　组　　员：年级副校长、政教处主任、团委正副书记、少先队大队长

　　二、社团组织机构管理

　　1.在实验中学范围内组织社团，均应向团委申请登记，经审核批准后，方可进行活动。

　　2.申请成立新社团时应提交包括社团章程、活动内容、活动形式和负责人情况、成员资料在内的书面材料，报团委批准。

3. 社团成员人数限定在 20 人至 50 人范围内，低于 20 人的，取消组社资格；高于 50 人的，作适当限制。

4. 社团必须遵守宪法和法律，不得从事损害国家利益、社会利益、集体利益以及公民的合法自由和权利的活动。

5. 社团活动要以保证完成学习任务和不影响学校正常的教学和生活秩序为前提，以有益于学生健康成长和学校的各项工作为原则。

6. 社团应结合本社特点，拟订本学期工作计划，本社团全体成员开会讨论通过后，报团委批准后执行。

7. 社团不得从事以盈利为目的的经营性活动。

8. 社团举办的各项活动，要有书面的计划、总结，并报请团委审批，不得擅自行动。

9. 社团在一学期内未举办过两次以上的大型活动，该社团即被取消资格，自动解散。

10. 学生团体的活动均应在课外活动期间进行，不得影响正常的教学秩序。活动（含会议）需提前一周得到团委的批准。

三、社团申请程序

1. 凡有意指导社团的教师，需递交申请材料，内容包括社团名称、性质、主题、活动目标、发起人、社团初步规划或至少一次详细的活动策划。

2. 学生根据自身兴趣爱好选择社团，进行报名。

3. 团委协调各社团人数。

四、社团综合评估办法

社团考核时间为每学期一次。

1. 紧密围绕学校中心工作，在团委的指导下积极配合学校工作，开展内容健康向上、形式丰富多样、能营造良好校园文化氛围的活动，并富有成效。（10 分）

2. 积极参加学校的各项活动，组织工作到位、出色，成绩突出。（10分）

3. 社团内部管理严密，工作有计划，目标明确。（10分）

4. 社团活动正常开展，有健全的会员培训制度。（10分）

5. 社团工作富有特色，有创新意识。（10分）

6. 活动前有汇报、活动中有落实、活动后有总结。（20分）

7. 社团成员之间和睦相处、团结，凝聚力强，社团成员成绩突出。（10分）

8. 社团遵守学校各项规定和社团章程有关规定。（10分）

9. 社团在校内外均有积极影响，在校内外赛事中取得好成绩，能产生良好的社会效果。（10分）

10. 凡具有创新精神，积极为团委出谋献策，一经采纳，每次奖5分。

11. 凡在规定时间内，未将本社团社员的名单送交团委备案的，扣2分。

12. 在规定时间内，未将本学期的活动总结和活动计划上交团委的，扣2分。

13. 凡发现社团有向社员乱收费现象的，一经查实，除责令将金额如数退还给社员外，并要追究社团负责人的责任及扣取该社团总分的8分。

14. 依据综合评估成绩和活动效果分四档分别加5分、4分、3分、2分。（评估成绩91～100分加5分，81～90分加4分，71～80分加3分，60～70分加2分，低于60分不加分）

15. 本制度最终解释权归社团领导小组，未尽事宜由社团领导小组研究决定。

茌平实验中学教职工落聘、
拒聘、解聘规定

一、落聘

有下列情形之一者，即列入落聘人员范围：

1. 因工作失误造成重大责任事故者；

2. 言行严重背离师德要求者；

3. 造谣、传谣、拉帮结派、蓄意滋事、影响恶劣者；

4. 教学人员综合考核排名列全校后两名者（标准分为正分的除外）；

5. 未被学校的任何部门聘任的；

6. 学生流失严重的班级、年级负责人。

二、拒聘

不服从学校安排或勉强服从安排而消极怠工、敷衍塞责者，可视为拒聘。

三、解聘

有下列情形之一者，学校可以随时予以解聘：

1. 教职工在聘任期间，不履行岗位职责，不服从领导，渎职失职造成损失的；

2. 不安心本职工作，从事第二职业及有偿家教者；

3. 严重违背教师职业道德行为规范 60 条及其他违法违纪者；

4.未到国家规定的退休年龄，未办理任何请假手续，擅自不到校工作者。

四、对落聘、拒聘、解聘的有关规定

1.根据中共茌平区委茌发〔2009〕9号文的有关规定，落聘人员落聘期间扣发现行工资标准中岗位津贴和岗位补贴；取消评模、晋级资格；

2.拒聘人员从拒聘之日起，停发工资，不再享受学校一切待遇，并限期调离；

3.被解聘的教职工，从解聘之日起停发工资，不再享受学校的一切待遇，并限期调离。

本制度如与上级文件不相符者，以上级文件为准。

本制度的解释权归校长办公会，未尽事宜由校长办公会另行研究。

本制度自教代会通过之日起执行。

茌平实验中学"县管校聘"工作方案

经学校研究决定，如果 2018—2019 学年茌平区教育局继续实行县管校聘，具体实施办法如下：

一、根据在编教师 2018—2019 学年所从事的工作岗位的不同，分为教学人员和非教学人员两部分。

二、按区教育局分配我校的县管校聘流出人员人数占在编教职工总数的比例分别计算教学人员和非教学人员的县管校聘流出人员人数，如果计算出的人数为小数，教学人员用"去尾法"，非教学人员用"进一法"。

三、2017—2018 学年综合考核成绩按 30%、2018—2019 学年综合考核成绩按 70%，然后两学年个人成绩相加作为确定 2018—2019 学年县管校聘流出人员的最终依据。

四、本制度的最终解释权归校长办公会，未尽事宜由校长办公会研究决定，以上制度如有与上级文件不符者，以上级文件为准。

茌平实验中学荣誉及获奖情况

奖项名称	级别	颁发单位
全国青少年校园足球特色学校	国家级	教育部
中国 STEM 教育 2029 创新行动计划种子学校	国家级	中国教育科学研究院 STEM 教育研究中心
山东省规范化学校	省级	山东省教育厅
山东省教育信息化示范单位	省级	山东省教育厅
山东省家庭教育实验基地	省级	山东省教育科学研究院
山东省中小学电脑制作活动评选类、创客类学校最佳组织奖	省级	山东省电化教育馆
山东省科技教育创新发展实践基地	省级	山东省现代科技教育研究院、山东省科技教育专家指导委员会
"食安山东"餐饮服务品牌示范单位	省级	山东省食品安全委员会
"妈妈小屋"省级示范点	省级	山东省总工会
聊城市重大攻关科研课题研究实验学校	市级	聊城市教体局
聊城市教育教学工作先进集体	市级	聊城市教体局
聊城市教育教研工作先进单位	市级	聊城市教体局
聊城市学校德育工作优秀集体	市级	聊城市教体局

续表

奖项名称	级别	颁发单位
聊城市家庭教育实验基地	市级	聊城市教体局
聊城市乡村中小学教师跟岗培训示范基地	市级	聊城市教体局
聊城市师德建设先进集体	市级	聊城市教育工会
聊城市"三八"红旗集体	市级	聊城市妇女联合会
聊城市五四红旗团委	市级	聊城市共青团
"妈妈小屋"市级示范点	市级	聊城市总工会
聊城市餐厅卫生标兵先进单位	市级	聊城市食品药品监督管理局
聊城市第八届中小学生运动会初中组健美操舞蹈啦啦操第一名	市级	聊城市教体局
聊城市第八届中小学生运动会初中组跳绳比赛团体第一名	市级	聊城市教体局
聊城市中小学生排球联赛初中男子组第一名	市级	聊城市教体局
聊城市第八届中小学生运动会跳绳比赛团体第一名	市级	聊城市教体局
聊城市第八届中小学生运动会健美操舞蹈啦啦操第一名	市级	聊城市教体局
聊城市中学生排球联赛第二名	市级	聊城市教体局
聊城市中小学生特长展示大赛团体第二名	市级	聊城市教体局
聊城市中小学足球联赛男子组第三名	市级	聊城市教体局
聊城市中小学生足球联赛第三名	市级	聊城市教体局
茌平区教书育人先进集体	区级	茌平区人民政府
茌平区中小学体育工作示范学校	区级	茌平区教体局

续表

奖项名称	级别	颁发单位
茌平区中小学排球项目特色学校	区级	茌平区教体局
茌平区教育系统安全保卫工作先进单位	区级	茌平区教体局
茌平区消防安全先进单位	区级	茌平区消防大队
茌平区卫生先进单位	区级	茌平区食品药品监管局
茌平区学校安全工作先进单位	区级	茌平区安全生产监督管理局
茌平区中小学排球比赛中学组第一名	区级	茌平区教体局
茌平区中小学排球比赛中学男子第一名	区级	茌平区教体局
茌平区中小学生舞蹈大赛初中组第一名	区级	茌平区教体局
茌平区中小学排球联赛男子组第一名	区级	茌平区教体局
茌平区中小学排球联赛团体第一名	区级	茌平区教体局
茌平区中小学生运动会田径男子团体第一名	区级	茌平区教体局
茌平区中小学生舞蹈大赛一等奖	区级	茌平区教体局
茌平区绘画剪纸大赛第二名	区级	茌平区教体局
茌平区中小学田径特长生展示大赛初中组团体第二名	区级	茌平区教体局

博平中学荣誉及获奖情况

奖项名称	级别	颁发单位
教育部规划课题《探究学习理论与实践研究》重点实验基地	省部级	教育部
山东省规范化学校	省级	山东省教育厅
山东省教学示范校	省级	山东省教育厅
山东省校本示范校	省级	山东省教育厅
山东省中小学德育工作先进单位	省级	山东省教育厅
山东省教学成果三等奖	省级	山东省教育厅
山东省中小学教师远程研修组织工作先进单位	省级	山东省教育厅
聊城市教书育人先进单位	市级	聊城市委市政府
聊城市规范化学校	市级	聊城市教体局
聊城市教育教学示范学校	市级	聊城市教体局
聊城市教育科研示范学校（全市唯一）	市级	聊城市教体局
聊城市教育科研示范学校（全市两名）	市级	聊城市教体局
聊城市校本教研先进单位（全市唯一）	市级	聊城市教体局
聊城市校本培训先进单位	市级	聊城市教体局
聊城市综合治理先进单位	市级	聊城市教体局
聊城市德育工作先进集体	市级	聊城市教体局

续表

奖项名称	级别	颁发单位
聊城市职工职业道德建设先进单位	市级	聊城市教体局
聊城市和谐师生关系实践基地（全市唯一）	市级	聊城市教体局
聊城市平安和谐校园	市级	聊城市教体局
聊城市绿色工程学校	市级	聊城市教体局
聊城市消防工作先进单位	市级	聊城市教体局
茌平区教书育人先进单位	区级	茌平区委区政府
茌平区平安校园先进单位	区级	茌平区教体局
茌平区普法依法治理工作先进单位	区级	茌平区教体局

参考文献

（一）专著

[1] 中共中央马克思 恩格斯 列宁 斯大林著作编译局.马克思恩格斯选集：第 1 卷 [M].北京：人民出版社，2012.

[2] 国家中长期教育改革和发展规划纲要（2010—2020 年）[M].北京：人民出版社，2010.

[3] 深化新时代教育评价改革总体方案 [M].北京：人民出版社，2020.

[4] 圣吉.第五项修炼：学习型组织的艺术和实践 [M].张成林，译.北京：中信出版社，2009.

[5] 库利.人类本性与社会秩序 [M].包凡一，王湲，译.北京：华夏出版社，2020.

[6] 陈宁.师德建设新维度：组织文化的视角 [M].北京：首都师范大学出版社，2011.

[7] 黄希庭，杨治良，林崇德.心理学大辞典 [M].上海：上海教育出版社，2003.

[8] 项贤明.教育学原理 [M].北京：高等教育出版社，2019.

（二）学位论文

[1] 王宇奇.我国公办高校领导体制下内部议事决策制度的研究 [D].长春：东北师范大学，2018.

[2] 聂劲松.中国百年教育研究制度审视 [D].长沙：湖南师范大学，2009.

[3] 周春良.卓越教师的个性特征与成长机制研究——基于163位特级教师的调查[D].上海：华东师范大学，2014.

[4] 赵雅卓.学校仪式中的学生社会化研究[D].桂林：广西师范大学，2018.

[5] 朱春鹰，程伟.中国传统文化"心"之思想解读：身心灵全人健康模式文化探源[D].哈尔滨：黑龙江中医药大学，2014.

[6] 陈吉庆.高校图书馆校园实体书店建设研究[D].哈尔滨：黑龙江大学，2021.

后记

  我从学校退休后，回顾反思以往的教育工作经历，总想把所思所行整理一下，一是对自己职业生涯的总结，二是希望对同行有所帮助。我曾在几所学校担任校长，其间这些学校发生巨大变化，得到当地教育行政部门和有关专家的高度认可。反思这几所学校所谓的成功经验，自认为离不开对学校管理机制的建设。

  在那些奋斗岁月中，得到了一些专家指导和鼓励。北京师范大学袁桂林教授多次进行具体指导，山东省教育科学研究院副院长曾庆伟教授以及山东师范大学教育学部副部长、博士生导师冯永刚教授，华东师范大学博士生导师唐汉卫教授多次亲临学校研究指导，为我提供了很多帮助，在此一并表示感谢。在本书的写作过程中，中国教育科学研究院王磊先生给予了指导，在此表示衷心的感谢！

  感谢齐迅、张建民、郭兴峰、迟传庆、杜广全、韩志国等同志在工作中给予的帮助，感谢中国大百科全书出版社的领导和编辑老师在本书出版过程中给予的支持和指导，向所有为本书给予过帮助、支持的单位和同志致以诚挚的感谢。

  本书有些做法不一定恰当，缺点错误在所难免，希望对他人成长有所借鉴和助益。

  民族有信仰，国家有希望！希望广大的教育工作者以及有志于教育事业的同仁一起探讨交流，把这项工作做得更好。

石秀云

2024 年 4 月